小松政夫遺言

小菅 宏
Hiroshi Kosuga

青志社

小松政夫
遺言

小菅《こすが》 宏

「前口上(まえがき)」

喜劇役者人生半世紀

少し頬を染めた小松政夫は歯切れのいい口調で最後にこう言ったのである。

「あ〜あ、知っていること、喋りたいことを全部、喋った。これでお仕舞い」

芸能界の語り部小松政夫は取材の終わりにこの一言を発して、愛嬌のある笑顔をこぼした。まさかそれが最後の公式発言になるとは本人も予期しなかったに違いない。

俳優であり、声優であり、コメディアンである小松政夫(1942年1月10日生まれ)は78歳の人生を全うして黄泉の国へ旅立った(2020年12月7日)。

対面取材はその直前に数週間(2020年9〜10月)、延べ12時間行ったが、結果として本著は「喜劇人小松政夫」の最後の証言集となった。

実は晩夏の季節(2020年8月25日・午後3時40分)、著者が最初に小松と話をしたのは彼からの携帯電話によってだった。開口一番、「病院のベッドは狭くて窮屈で、早く出たい」。

ややしわがれた声音だったが、滞りなく喋る滑舌は紛れもなく、「喜劇役者小松政夫」であった。小松は検査入院をしていて今回の仲介人を通しての第一声だった。取材は大丈夫かと訝《いぶか》るこちらの気持ちを斟酌《しんしゃく》するように、40分間近く喋ると、「来週初めに始めましょう」と積極的に申し出たのは小松からだった。

1960年代後半から60年近く、喜劇役者の矜持を胸に地位を築き、名声を馳せた小松政夫の存在感が抜群のコメディリリーフとか名バイプレイヤーと称されるのは、人知れずの研鑽の果てと分かり、今回の取材証言で明らかにした人生の年月が本著のバックボーンを成す。「袖触れ合うも多生の縁」ではないが小松政夫が芸能界を生きた足跡に師である植木等の存在が偉大なことは変わらない。だが、底辺から這いあがった独立後に影響を与えられたのは、波乱に満ちた稀代の演技者たちとの触れ合いによってだと明かす小松の語り口から喜劇人人生の喜怒哀楽が伝わった。

今となっては遺言になったと思うしかない小松政夫の「涙と笑いは紙一重」と言われる喜劇人人生の起承転結が多くの出会い、多くの辛抱、あきらめない夢の果てだったと知れば、小松の七転八倒した人生の実録を色濃い修練の日々と重なって聞いた。

とりわけ、映画やTVドラマ、舞台で出会った「名優」たちとの交流が小松政夫の芸能人生を鞭打つ訓《おしえ》となったと打ち明ける内実は芸道一途さゆえに切実だ。小松が人間としての生き方や演技者としての存在感に深い印象を持った名優たちとは、恩師植木等を筆頭に高倉健、萩原健一、樹木希林、吉永小百合、沢田研二、ハナ肇、伊東四朗、タモリらだ。

　喜劇が大好きで、人が大好きで、酒が大好きと公言する心理に小松政夫の人生訓が垣間見えた。

高倉健の誰も知らない優しさの本音

　例えば、小松と高倉健（本名・小田剛一）は同じ福岡県出身である。小松は高倉主演の映画に幾度となく呼ばれた。そして私的な関わりを持ち、同県人としての思いやりや気遣いを高倉から受けた。小松はコメディアンとしての外見の印象が強いので陽気でお茶らけた印象は強いが、素顔は徹底して硬派である。学生時代に所属した剣道部では「負けるのは悔しい」と後輩部員が反吐を吐くほど鍛え抜いた過去がある。負けん気は人一倍強いが弱者には優しかった。それを曲げなかったのは己の生きざまの根っ子と自覚する生来の負けん気によってだった。

　こうした一途で実直な小松の性格は人間観察に秀でる高倉の心を摑む。私生活の公表を厳格に管理したことで知られる高倉との交情で、世に知られない思い出の数々を「宝物」と打ち明ける。小松は、胸に秘めた高倉との交友を本著で証言する。

萩原健一の苦悩と冷徹な創造性を解く

例えば、1960年代末期、グループサウンズ（GS）全盛時代の先頭に立ち、ショーケンの愛称で人気グループの、ザ・テンプターズのリードボーカルで脚光を浴び、以後は俳優として確固とした地位を切り拓く萩原健一と小松は、TVドラマの名作『前略おふくろ様』（NTV系）での第1シリーズと第2シリーズで共演を果たした。その折、小松は良きにつけ悪しきにつけ強い衝撃を受けたと忌憚なく明かす本音は、華やかな芸能界の裏面史を率直に明かす「時代証言」として貴重だ。

同ドラマで25歳当時の萩原は、世間の好むに好まぬに関係なく役柄への研ぎ澄まされた創造性を演技の根源に据えたと評価される。共演した機会に小松は世に媚びず、己と対峙する排他的で異質な萩原の資質を知ることになる。

理想とする自画像に向けて苦闘しつつ内省的な萩原を小松は冷静な眼で間近に実感していたし、修行の糧にしたと心の内を吐露した。

樹木希林の他人に見せない本気

例えば、小松政夫と同年代の俳優樹木希林（本名・内田啓子）とは新人時代からの顔なじみで、気軽に言葉を交わす率直な間柄を築いた。

互いの関係性がフランクであるだけに樹木の真摯にして且つ、縦横無尽に虚像を演じるかに思える立ち向かい方（スタンス）を、演技者の感性で小松は感じとる。

結果、役柄と向き合う樹木の実直さの裏側を垣間見た数少ない一人となる。

あるときは、日常を生きる人間の圧倒的な情念を武器に、またあるときは、他人に見せない演技者というより一人の女で生きる孤独の存在としての実在感だ。

「強く、美しく、優しく、明るく生きた」と樹木は公の場で語るが、「おごらず、人と比べることもせず、毎日楽しく平然と暮らす」（樹木希林の葬儀での愛娘・内田也哉子の弔辞）という、これまで密閉されてきた実相の裏側を知る芸能界の語り部小松は、樹木との役者論の微妙な差異を本音で語り尽くす。

異能の同郷人タモリを愛する理由

例えば、小松はタモリの才覚をいち早く認めた一人だ。小松はタモリの隠された存在感に塗《まぶ》した狂気と思わす新感覚の本性を、同県人として同じ芸能界で活動する者として、的確に分析する。異端と呼べる知性をサングラスに隠す「異能者タモリ」の本音をズバリと見抜く小松は、キャリアで初めて異能タモリの隠された真実を口にする。

炎の生きざまを告白

本著の主旨は小松政夫が赤裸々に明かした芸能人生の苦節の起承転結の秘話に加えて、温かく迎え入れてくれた日本映画界最高峰の高倉健、生き方や演技論が異なりながら互いを認めあった孤高の萩原健一、同世代の俳優として刺激を受けた畏友の樹木希林、異能を見抜いたタモリ、現代日本映画の名花吉永小百合、独自の存在感を誇る沢田研二、恩人のハナ肇、畏怖する伊東四朗、異色の俳優イッセー尾形らの実像を、自らの人生行路と重ね合わせて解き明かした一点にある。背景は小松が恩師植木等からの、「人間70歳を越えたら何でも言える役者になれ」の遺訓に背を押されてのことと、著者との取材の冒頭に前置きしたテーゼが本著の主題、すなわち、喜劇役者小松政夫の芸道人生に違いない。

「喜劇役者は安易な笑いを演じるのではなく、人生の裏と表を面白おかしく表現する存在でなければいけない。それが芸人と喜劇人の違い」と喜劇役者の誇りを繰り返した本著での告白は生々しく、また、すべてが真実であると小松は断じた。

そして本書は文字どおり小松政夫の「遺言」となった。

令和三年好日

小菅　宏

目次

第二章　酒が染みる夜

第三章　高倉健　男の美学を教える立ち姿

第四章　萩原健一　破天荒さと自意識の狭間で

第五章　樹木希林　生き方が言葉の宝石箱

第六章　植木等　分かっちゃいるけどやめられない

「後口上（終わりに）」

装丁・本文デザイン　岩瀬　聡

第一章

喜劇役者小松政夫

夕陽を浴びる丸い背中

小松政夫は「喜劇役者」を自負するので、「芸人」と呼ばれることを極端に嫌った。「歌も唄えば、タップダンスも踏み、人生の哀しみを全身から発して芝居をする。それが喜劇人（役者）です。ワタシは喜劇人魂をおやじさん（師匠の植木等）とクレージーキャッツから教えられました」が口癖だ。

「喜劇」を辞書で眺めると、「滑稽味をまじえ、人生の明るい面を表し、見物人を喜び興じさせる脚色の演劇」（広辞苑）、「滑稽、風刺などをまじえ、観客を笑わせながら、人生の真実面を表そうとする演劇」（国語大辞典）、「観客を笑わせながら、人生の真実面を表する劇」（岩波国語辞典）と載る。

これらの意味を蓋然《がいぜん》的に解釈すれば、小松政夫の真骨頂は脇役を弁《わきま》え、その立ち位置で喜劇の真髄を求めて小柄な肉体を酷使し、努力を出し惜しみしない一生だったと言える。言い換えれば、喜劇人の性《さが》を背負って「人間の哀感」を表現する滑稽味に溢れた存在感にあったと考える。

自分の身を粉にして努力するなどは当たり前と思い、どんな仕事にも手を抜かない生真面目さはＴＶ出演でも全力を尽くし、業界関係者に重宝がられたのは有名であった。それにはこんな裏話がある。「楽をしたければ、ＴＶに行け」と喜劇人の先輩に忠告されたのを胸に刻み、七転八倒の人生経験こそ喜劇の根底だと小松は明かす。同時に自分という存在の「喜劇人としての誇りを忘れるな」と訓えられた若い時期、胸に秘めた心得は、脇役だからこそ職人気質の光を帯びる存在でありたいという願望に昇華した。遥かな喜劇の頂上を目指し、そこからの展望を糧に芸能人生を全うした月日を勘案すると、礼儀（後述）と感謝（後述）の二点である。仕事で出会った共演者（スタッフも同様）に対する礼儀を忘れず、現場に居られることへの感謝の念を肝に銘じて、自分でできる努力を惜しまない日常が、「喜劇役者小松政夫」の生きる糧《かて》と打ち明けた告白が印象に残る。

人は身分相応といった逃れられない人生を宿命と呼ぶ。芸能界を目指した小松政夫は主役ではないが、キラッと光る脇役のテッペンを願い、そこが目指す約束の地と定めて一心に走ってきた。半世紀を超える喜劇役者人生に「まだもっとやりたいことがある」と苦渋を交えて言い切った潔さの内奥が、今となっては芸能界での小松政夫の存在感と繋がっていたと考えていい。闘病中と思えなかった亡くなる直前の晩秋、約12時間の対面取材をした発言の端々に滲む「喜劇人を自覚した心意気」が、思いのほか清々しく感じたのは、小松政夫の夢をやり抜くと決めた一途さにあった気がする。

後述する「近い将来の悪役志願」を熱く打ち明けた小松に「死の影」は一片もなかっただけに、本著の内容が「喜劇役者小松政夫の本音」が、ある時期の日本芸能史を彩ると読んでいただいて構わないだろう。小松が禁断の範囲を超えて語り尽くしてくれたと思うのは、芸能史を彩ると信じる証言から確かめられる幾つもの「事実」からだ。

取材最後の日、推敲を話し合った別れ際に小松はこう言ったのである。「もう何もない。何もかも話した。これで全部。まったく悔いはない」と。

茜色の夕陽を丸くした背に浴びながら、「ハイ、お開き！　サイナラ、サイナラ、サイナラ」と自分のギャグを言い残して、「後は頼みます」とその背で語るように、「喜劇役者小松政夫」は視界から瓢々と去った。

下積みの告白　目指すは哀愁を表現する喜劇役者

こういう内輪のことを喋るのは喜劇人としてのワタシ自身の身内の羞恥を晒すようで照れ

てしまい、今回が初めてですが、喜劇人に限らずワタシらが生きる芸能界は実に互いの位置取り（ポジション）に右往左往する業界でして、表面は派手で華やかに見える人気商売の主導権争いは激しく、しかも時代の波がたびたび起きる世界なのです。

要するに「時代の人気」、言い換えれば「流行り廃り」にどうやって乗っていけるかを感じる嗅覚を大事に思わなければ生き抜いていけない。時代の波なんて表現しても確かに目に見えるモノじゃない。

なかでも、「笑いを追求する世界」の消長は短いです。

あれっちょっと違うな？

客のノリが感じられないなと思うときはすでに「時代の波（人気）」に取り残されている証しとワタシは判断しました。大事なのは、そうした時代感覚に敏感になる自分自身に始終、神経質でなければ容赦なく置いてきぼりにされる業界の本質を意識することでした。正直、怖かったです。だから、ワタシはその皮一枚隔てた時代の波をいつも意識しました。

「ひょうげもん」と呼ばれて

ワタシは地元の博多弁で「ひょうげもん」と表現されました。面白おかしく人を愉快にさせる性格、のことです。私自身はこの方言を気に入っています。

小学生の頃から、同級生や大人まで笑わせる真似事が大好きだったからで、「人を笑わせるってこんなに胸が弾む」というそのときの快感が忘れられなかったのが本音です。

そしてまた、ワタシの小学・中学時代（１９５０年代から60年代にかけて、ＴＶが普及するまでの期間）の娯楽の王様は映画。ワタシにとっては主に東映の時代劇が主流で、片岡千恵蔵の癖のある口真似や市川右太衛門の額の傷を指す物真似をして同級生を笑わせ、それが噂になって「演芸会」みたいな名称でワタシが大人も交えた座敷に集まり、映画で観た見様見真似の物真似やラジオでの聞きかじりの落語もどきを演じました。ワタシは人が楽しそうに笑う顔を見て、なぜだか無性に嬉しくなり、心が張り裂けそうなほど飛び跳ねたい気持ちになったのをはっきり覚えています。その影響のせいで人の笑顔や笑い声はワタシの夢を膨らませたのです。

二人の洋の東西の俳優

映画を鑑賞してワタシのイチバンのお気に入りは、現在は歌手で俳優のマチャアキ（堺正章）の父の「喜劇の神様」と言われた堺駿二さん（『右門捕物帖』『銭形平次捕物控』など出演）でした。小柄な身体で自由奔放に演技しながら主役を引き立てる存在感がバツグンにあった名優です。捕物帳映画での軽妙な台詞回しで素早い動きを発揮する堺駿二さんの物真似をすると、どういうわけか自分が映画に出演していると錯覚する妙な気持ちになり、いつも浮かれました。

10代後半になると戦後アメリカ映画界の俳優で喜劇の王様と謳われたジャック・レモン（『お熱いのがお好き』『アパートの鍵貸します』など出演。後述）です。彼も欧米人にしては小柄（175cm）でしたが、笑いに交えたペーソスが演技の幅を無限に広げていると気づいて彼に夢中になりました。もっとも、ジャック・レモンにペーソスを自覚できるようになったのはワタシが20歳過ぎてからでしたが。

二人に共通するのは「笑いに塗した哀感」と分かったからです。もっとも、哀愁は笑いに塗されるからこそ観客の心を刺激すると理解できるようになったのは、おやじさん（植木等）の付き人兼運転手をさせてもらっていた時期（23〜26歳）で、独立を許される20代中頃でした。

ワタシが喜劇役者を目指したキッカケは堺駿二さんとジャック・レモンの哀感だったと追想できますが、直接的なキッカケはむろんのこと、その後のおやじさんの『ニッポン無責任男』シリーズのキャラクター造型に眼を覚まされたからです。もっと言えば笑いのなかに人間の生きざまが存在するように思いついたのは、デビューして15年以上を過ぎた40歳代になってからです。

「チャラチャラして笑わすだけではすぐに飽きられる」と気がつきました。

外見を装う笑いのなかには人の内心（本音）が隠されているとワタシが思いついたのはクレージーキャッツの大阪公演（当時の梅田コマ）での失敗の繰り返しに苦しんだ舞台でした。今にして思い返せば、ワタシは主役を生かしながら個性のある脇役（バイプレイヤー）、要するに脇を固める立ち位置が自分の正解ではないかと真剣に考え、失敗の繰り返しにへこたれなかった結果と思っています。鈍感だったのかも知れませんが。

当初の悩みはワタシの喜劇人になりたいという自分への言い訳でしたが、本音では華やかなスポットライトを浴びる主役をやりたいと試行した末の判断に未練を残してもいたからでした。

しかし主役ばかりではストーリーは成立しない。主役を光らせる脇（脇役）がいてこそ主役が輝き、物語が成り立つと思いついたキッカケは、堺駿二さんの素早い動きと洒落た台詞回し、ジャック・レモンの場面ごとに台詞のリズムを変える軽妙な演技を思い起こしたからと言って構わないと思います。堺さんもジャック・レモンも、演技の場面ごとに眼の動きに工夫を凝らしていたと気がついたのです。二人の先達の身体を不必要に動かさない、「視線だけの演技」はワタシの模範になりました。台詞が無くても感情表現できる芝居の手本になったからです。加えてこの二人は晩年近くになると、演技に「男の哀感」を漂わせる渋さがワタシには堪りませんでした。何かを心の内側に抱いて生き抜く後ろ姿に痺れました。自分としての究極の境地は人生に真っ向から立ち向かう覚悟が大事と決めていたからです。目立たなくてもいい、でもずっと諦めないで存在する。それがワタシの70歳を過ぎての喜劇人として存在価値であると信じたのです。ワタシの一人芝居『四畳半物語』は独身の若いサラリーマンが設定ですが、これからは独りで生きる老人として人生の終幕を少ない台詞で演じるのが夢です。こんなときだけ、「役者には定年がない」と口幅ったいことを言うようで申し訳ないですが。

狂気と哀愁の狭間

実は、この演技感性（狂気と哀愁）こそ芝居の原点だと納得したのは後で触れる健さん（高倉健）の映画（『駅　STATION』）に呼ばれたときでした。警察官を演じる健さんは無言で立っているだけなのに背中で演技をしていると実感し、後にも先にも物凄く刺激を受け、以来モノを言わずに表現する「背中の演技」を目指したワタシの模範になりました。

映画出演では、お調子に乗る演技、上役に叱られてシュンとなる泣き顔、好色なヤクザ紛いのチンピラを演じても笑いを誘う台詞回しが多く、その後に学んだのは泣くのを堪える表情で、健さんの立ち姿を胸に描いて「背中の演技」を工夫しましたが、一朝一夕にはできませんでした。

これは後日のことですが、喜劇人を志すには「狂気と哀愁は紙一重」の演技が必要だと気がついたからで、契機は、笑いの裏にある人間の悲しみを表現することこそ大事、と気がついたのです。映画で観た堺駿二さんのイメージがワタシを一層、俳優への道程へ導いてくれたのかと感じたときで、哀愁こそ人間が背負う人生そのものと思ったのです。それは役者としても、喜劇人としても欠かせない重要な要素と信じました。後年、有名なイラストレーターの山藤章二さんから、「小松政夫は狂気を（内に）秘めた普通人」と言われたのをワタシは誉め言葉として大事にし、奮起する後ろ盾にさせてもらいました。

喜劇役者への夢を膨らませた恩人たち

ワタシが喜劇人人生はこうした人の哀愁を表現できる存在になることだと思えた決定的な存在は、むろんクレージーキャッツのおやじさん（植木等）です。

実際にお会いするまでおやじさんが真面目で真摯に芸能界を生きぬいているなどとは知らず、常識を覆して図々しくて自分勝手に思い通りにやり抜く男度胸といった映画のイメージしかなく、常識を覆す演技に圧倒されていました。ところが実際は大変な常識人で、礼儀に厳しく超真面目な人格者でした。それであってもおやじさんの役はワタシの人生に光を灯してくれ、実際に付き人に雇ってもらい、お側近くでお世話させていただいてからの日々は毎日が夢見心地でした。

俗に「無責任男」は日本人離れした破天荒な役割とか表現されますが、おやじさんはある種、従属的で派手さを隠したがる昭和の日本人の性向を真二つに裂いて表現したパイオニア（開拓者）だったのです。ワタシはそのキャラクター造型が、誰も踏み出そうとしなかった役柄を、結局は第一歩跳んだ心意気に感動しました。常識を突き破る勇気をおやじさんから学んだと気がついたからでした。

「自分もいつか、あのように未知の地（斬新な役者像）を跳んでみたい」と。

付き人当時のワタシは自分勝手にもそのように考えていました。非難されて一歩引いてその波を避けようなんて弱気を起こせば、あっ、という間に置いていかれる。芸能界は一度でも時代に遅れると追いつくのがそれは難儀でしてね。常に業界の第一線に顔をだしてないと忘れられる覚悟が必要となります。芸歴が長いからだけでは何の効能にもならない世界と納得しないと、生き残るのが難しい業界です。ワタシはおやじさんの後ろ姿を眼に焼き付けた結果、端《はな》から主役の役割を持つ出番と思っていなかったのが幸いしたのかと今にして振り返れば合点します。

華やかな芸能界にいればそりゃスポットライトは浴びたい、注目の中心に立ちたいとは心の隅にありました。でも、主役の位置に就けるのは一握りの人だけと思い定めたのは、おやじさんの運転手兼付き人を3年余させてもらった時期で、まったくワタシは幸運でした。その期間に芸能界の仕組みを身体で覚えたからです。失敗はたくさん経験しました。怒られたり、無視されたり、侮辱されたり。しかし、おやじさんと呼ばせてもらう植木等は一度も人前で叱ったりしませんでした。二人だけのときに向き合い、「どんなことも我慢しろ。辛抱がお前の夢を実現させせると信じろ」と。胸が詰まりましたね。

でも人前で涙を見せるのだけは我慢しました。見栄っ張りでもあるワタシは自分が惨《みじ》めになると分かっていたのです。お客様を笑わせる役割のワタシが、理由は何であれ、めそめそすることは恥ずかしく、みっともないと誓っていました。悔しかったら泣けばいいとも思いますが、それは一人のときに限ると。だから若い時分はずいぶん寝布団を濡らしました。涙の量だけ強くなれたかなって。これはちょっと気障でしたか（大笑い）。

そしてワタシの喜劇人人生最大のエポック（私的事件？）の件です。

人生最大の屈辱と最高の喜びを同時に

とりわけ、淀川長治先生の物真似をするキッカケになった笑いの聖地大阪でのクレージーキャッツ・ショーの幕間での失敗は忘れられない「私的事件」でした。全盛期だったクレージーキャッツの幕間を繋いで、ワタシが「笑いをとる」はずが観客全員から失笑を買ったからです。皮肉なことに、ワタシを容赦なく打ちのめしたあのときの悲しさ、やる瀬なさ、絶望感が、「真正の喜劇人」を目指すワタシのスタートだったのです。

メンバーの着替え時間を利用する幕間繋ぎ（約5分間）、ワタシはキックボクサーの真似をやり、奇抜な仮装をして冗談を連発しましたが全部失敗。場内はワタシの「しらけ鳥音頭」ではないですが、白々しく、しらけ鳥が何百羽も飛んでいた気がします。元来、関西は笑いの本場。二人立ち話をすれば漫才になると形容される地域だけに逆に笑いに関しては厳しいのです。

そのときのワタシが立ち往生し、身の置きどころのないいたたまれなさの時間は地獄でした。お客の失笑が矢のようにワタシの胸に突き刺さった60年前の感触は、今でも鮮明に脳に刻まれています。でも笑いの都の大阪のお客様は厳しいと実感したのはむしろありがたかった。ワタシは必死に自分の笑いの泉を捜す後ろ盾になってくれたと感じたのは事実です。その絶望の淵から偶然に映画解説をする淀川先生に辿り着いたと感謝したからです。

人は絶望する寸前まで必死になれば何とかなる。そういったワタシの人生で得ていた生きざまが身に染みていたのをラッキーと考えました。するとなんだか手前勝手のようですが、重たかった心の重荷がすっと軽くなった実感を得た気がしました。人生の大半は苦しいことばかりですが、それと正面に立ち向かい、七転八倒すればなんらかの答えが浮かんでくるとも思っていたからです。

ワタシは自分の経験からこの真実を喜劇人人生で数えられないくらい経験しました。その大阪公演のとき、幕間を繋ぐ役目を用意してくれたリーダーのハナ肇さんが、淀川先生の物真似が観客に受けて戻るワタシを舞台の裾で待っていてくれて、よかったな、と一言褒めていただいたことはワタシの宝です。

恩師のおやじさんとの約3年半の年月で得た教訓は数えきれませんが、おやじさんの流行語になった「お呼びでない。これはまた失礼しました」の誕生秘話は、某TV番組での出番をおやじさんが間違えて、思わず「お呼びでない。これはまた失礼しました」と口走ったのがキッカケになったと報じられました。でも、実はワタシがおやじさんに出番の時間を伝え損ねたからで、事実は真逆だったのです。なにしろ生本番なので取り返しが付かない瀬戸際なのに、おやじさんが咄嗟の機転で口走った「本音」が当時最大の流行語になったのも皮肉でした。

人を幸せにする職業の誇り

ワタシを庇《かば》ってくれたおやじさんのキャリアに感心するのと同時に、その心の広い優しさに涙を零したのも懐かしい思い出で、ワタシの芸が一人前になる機会の灯台になったとの実感があります。その灯りこそワタシが喜劇役者になるとの決意の源泉になったのは事実で、だからこそ、ちょっと口幅ったい言い方を許してもらえれば、人の笑いと、時に涙を誘う喜劇役者の存在こそ、この世の人生の表現者と信じる基盤です。ワタシの半世紀を超える喜劇人人生は、そうした世の人の幸せを共に喜び合えるパートナーになることでした。

ワタシは誘っていただく仕事は日程が重ならない限りはすべて受け入れました。

特に喜劇役者としての立ち位置が自分自身にはっきり見えてきたと思えた40歳以後、色好みのヤクザ、お喋りし放題のタクシー運転手、詐欺まがいの裏社会の人間、癖のある麻雀打ち等々。なんでも受け、演技に精いっぱいのめり込みました、自分の実人生を役柄にぶつける覚悟ができたからです。それこそがワタシの役者人生のすべてと少し分かった気がしたからです。ほとんど脇役です。でも存在感を忘れないように心がけたのは、その役割こそ「喜劇役者小松政夫」の誰にも譲れないポジションと決めていたからです。

ワタシの喜劇役者として立つ位置は、「主役を光らせること」。それこそワタシが職業意識を心得て光らなければならないという問いに対する答えと納得できたのです。

喜劇役者としての心構えは人としての喜怒哀楽を表現する存在感と信じますが、ワタシは人間として忘れてはならない「思いやり」をおやじさんから学んだのは人生最大の教訓です。

堺駿二さんやジャック・レモンに触発され、おやじさんやハナ肇さんに学んだ喜劇人人生は、その後のワタシの屋台骨になりました。映画も舞台もTVも役柄の人間の存在感は重要です。ワタシは主役を光らせながら、脇を演じる小松政夫もここにいます、しっかり見てくださいっていう心構えで演技をしてきました。ワタシの負けん気は、日本一のバイプレイヤーを目指すエネルギーに昇華したいと考え抜く根幹になりました。そしてそのための門を開いてくれると信じたワタシが思いついたのは、流行り言葉（ギャグ）、です。

最初の失敗に血反吐を吐く

独立後すぐに、土曜日午後7時からの『今週の爆笑王』（1968年5月／TBS系）というバラエティー番組のMCを受けたものの、視聴率は低くワンクール（13回）で中止。ワタシが出演者の先輩芸人を捌ききれず、オタオタするばかりの醜態が原因でした。ゲストの先輩芸人とは一世を風靡した大物ばかり（由利徹・東八郎・コント55号・ケーシー高峰など）で、その人たちを誰が笑わせたかを喜劇界の大御所のエノケン（榎本健一）さんらが判定するといった番組企画でした。でも、司会のワタシが大先輩のオーラに萎縮して番組の進行を間違えて時間超過、まったく番組の体を成していない有り様で現場は初回から大混乱しました。これでは視聴率を獲得するは難しく、ワタシの初のレギュラー司会は惨敗で、「落ち込んでいる暇はないぞ」とおやじさんには諭され、さすがに落ち込み、酒に溺れましたが当然のように一層、惨めになるばかり。泣きたくても呆然として涙は流れてこないのを初めて経験したのもこの直後です。

必死に自分なりに具体的な芸もないワタシにできることは何かを考えました。この業界で何を「売り」にすればいいのかという生き抜く算段は正直、具体的にはありませんでしたが、それでも引き下がる気持ちはなかったです。それが不思議でしたが、結果として喜劇を目指す気力が失せることはなかった。哀愁のある喜劇役者をあきらめたら自分の夢は終わると。

そうは言ってもみっともない話ですが、喜劇役者を目指したワタシはスタート地点で考え過ぎて血反吐を吐く始末でしたが、やるだけはやる、と自分に発破をかけました。

人間観察が人生の道を拓《ひら》く

そうしたある夜、横浜でのクルマのセールスマン時代の同僚から電話連絡が入り、昔話に花が咲きました。ワタシは現状での苦しい胸の内は隠しましたが、その電話を終えると当時の上役、同僚、仕事先のお客などの顔が脳内で連写してきました。一人一人が個性的でなぜか思い出し笑いをしていると、不意に、彼らの個性的な「会話の口癖」が次々によみがえり、何故だか一気に胸が高まったのです。「そうだ、これだ!」

新人が映画やTVドラマに抜擢されることは稀な業界で、ワタシの思いついたことは意味不明でも人間の本音を込めた「ナンセンス・ワード(語録)」です。リズム感があって日常会話には存在しにくい、意味のない言葉の連発で人の常識を覆すショート・ワードです。

例えば、徹底してお客のご機嫌をとるホスト風の会社の先輩、後輩には厳しいのに部長にはペコペコする中年課長、ブルドッグのような風貌の部長、さらには酒場で出会った恋人に振られて縋《すが》る若い女、好きな男に袖にされて必死に悶える中年のオカマ、結婚式の帰りに酔っぱらって女房に謝る後期高齢者、上役の噂を辛辣にする二人連れの女性客などが次々に浮かんできました。

「そうだ、これだ！」

ワタシは二度三度、もしかしてこれがヒントになるかもと叫びました。彼らの口真似をして大仰なポーズを伴い、繰り返す演技を思いついたのです。捨てる神あれば拾う神ありです。常識を尊ぶ日本人の感性に真っ向から挑む気持ちで、ＴＶ『シャボン玉ホリデー』（ＮＴＶ系）の番組内でショート・ワードの「もう知らない、知らない、知らない」のセリフを、意地悪を演じる出演者の相手に身を捻《ひね》らして発しました。リハーサルではもともと台本にないので駄目との気持ちもありましたが自信も少しはありました。内心はドキドキしつつ、でも真剣にやりました。

結果、結構ウケた（受け入れられた）のでうれしかったですね。「次週も同じギャグをやって」とプロデューサーからリクエストされて天にも昇る気分でした。

それがワタシのギャグの発祥であり、喜劇人としての世の中への出発点になり、それなりに少しは認められる存在にしていただきました。

思えばワタシは人一倍に好奇心が強く、加えて負けん気が後押ししてくれたお陰かと考えます。

それを契機にワタシという喜劇役者を世に送ってもらったからです。

これから成り立ちを紹介する「ワタシのギャグ」の裏話は、「小松政夫」という喜劇役者の出発点だったと思っています。

それでは、聞いてください。

喜劇役者・小松政夫の誕生秘話

小松政夫には1970年代から10年以上、連射砲のように爆発的に世に知られたギャグが数多く残る。「おそらく80前後じゃないか」と本人は静かに振り返るが、唯一の持ちネタギャグを10年、20年と吐き続ける芸人もいる。それどころか、生涯で世の中に通用したギャグもなく、埋没して表舞台から去って行った芸人が圧倒的に多いのが現実である。

小松が波に飲まれることなく、時代感覚を捉え次から次へ流行語にした喜劇人魂は、偏《ひとえ》に人間観察にあった。その視点が、喜劇を志す小松政夫の人生訓の核になった。

この世の中で、何と言っても「人間」がいちばん面白い。何がって、動物園で柵に囲まれたなかで動き回る動物や、水族館で遊泳する魚類を観ている見学者のほうに何百倍も笑ってしまう。自然発生的な人間の感情の原理がワタシのギャグの基本と打ち明ければ、理解されるでしょう。となれば幾つか代表例の内幕を打ち明けなければならないでしょうね。

どーかひとつ、どーかひとつっ

このギャグは横浜の乗用車センターでの先輩が発祥です。ワタシがまだ21歳頃、入社して間がないころの寒い時期でした。ある日のこと売買した女性のお客からの電話にでたワタシから受話器を引ったくるように摑んだのは、先輩（いつも洒落たスーツを着ていたので「ホスト先輩」と内心で呼んでいました）がエンジン故障のクレームと分かり、「ワタクシ、すぐに参ります。ワタクシをご指名下さればよろしかったのに」とホスト先輩が女性客のお宅へ急ぐのにワタシは手伝いで同行しました。

駆けつけると、女性客が「こんなに早くに」と恐縮したのを計算していたホスト先輩は、高価なスーツの上着をいかにも無造作に脱ぎ捨てると車の下に潜ったのです。ここがミソとは後で分かり、ワタシは舌を巻きました。お客の助けになるのなら火の中、水の中へ飛び込んでも構わないという犠牲的精神を見せつけて、相手の心情を引き寄せる戦術。まさに人間の心理を巧みに利用していると若輩のワタシは感心しました。上着を脱ぎ捨てるのも、車の下に潜るのも、敢えて顔に油を塗りたくるのもホスト先輩の計算の裡でした。人間は自分の目標実現のためには「迷うことなく一途に突っ走る心がけを」と身に沁みた経験でした。恥なんて思う暇があれば、まず動いて、そしてやってみるという「決断」が大事と胸に刻んだ日は忘れません。

そのときの小松は、「そんなことまでしてもらって」と声を震わせる女性客に立ち向かう先輩の動きを観察していた。小松は、「運転席に座っていろ」と命じられたが、キャブレターが濡れて点火せずにエンジンが掛からないだけで、乾けば始動すると分かっていたので、時間稼ぎを承知して待った。

「お客さま、ちょっと厄介ですが、すぐに、すぐに直します。大丈夫です、お任せください。お客さまのためならなんでもします。私に遠慮なさらないでください。少々お待ちを。もう間もなくです」

対話でも人間は喋る側は疲れない。そして唐突に立場を代えて聞き役に徹する。これを「引く」と会話の魔術師（プロのホスト）は明かす。初対面で大事なことは好かれなくても嫌われないことと、話術に長けるホストの帝王は明かす。押してダメなら引いての定石だ。このときの経験で小松は会話の間合いを学んだ。「ギャグの真髄は言葉のリズムと相手との距離感」と打ち明ける。

10分後のことです。「はい、お待ちどうさま！」と叫ぶホスト先輩。「あら、もう終わったの。凄い。助かるわ。あなた、頼りになるわね」とすっかりホスト先輩のペースにお客は感心しました。それまで大袈裟にゴチャゴチャと不必要な音を立てる真似がワタシには滑稽に見えましたが、興味深く黙って成り行きを見守っていただけでした。

やがて先輩が、「松崎（小松の本名）、エンジンを掛けてくれ」と叫ぶのでその通りにやると当然、エンジンは機嫌よくかかります。油まみれの先輩が顔を出し、「奥さま、ご覧の通りです」「有り難いわ」とお客は感謝感激です。

「ワタクシを今後はご指名下さればいつでも奥さまのために飛んでまいります。どーかひとつ、どーかひとつっ！」と懇願するホスト先輩。「どーかひとつ」の後に隠された真意は、「今後の御用命はワタクシ専用に」なのはミエミエです。ホスト先輩は確実に有力な客を得たのですから参考にさせてもらいました。この「どーかひとつ、どうかひとつっ！」と迫るホスト先輩のセールストークで人間心理を学びました。身を粉にして客に尽くす。たとえそれが擬態であっても照れずに実行するのがセールス根性だと。羞恥は恥だと思えと。人間は恥を感じると臆病になります。ワタシはそれを逆に利用して、自分が臆したときこそ前に出て恥を掻くのを信条にしようと誓いました。小柄で格別の特技を持たないワタシの武器は、恥を覚悟の出しゃばり、と密かに決めたのです。

「はじめチョロチョロ、中パッパ、後はドカン」と金を遣わせるのはプロのホスト稼業だ。この手の客をホストの世界は「化ける」と言う。営業力は人間関係の構築であり、人間関係は信頼であり、信頼は会話力で築くのが鉄板とか。まさに。

小松が名付けたホスト先輩はその典型でその後に当該の女性客の知り合いを紹介され、契約を結んだ。「知り合いの紹介」が有力なコネになるとは販売業界の常識。それを最大に得たのは弁舌と気配りに富む小松政夫であり、後の芸能界での足がかりになった。

もう、知らない、知らない、知らない

これも横浜時代の課長がネタ元です。厳しくてやり手の部長（強面でブルドッグ部長と呼ばれた）の下の課長は結構、神経質な人で、50歳代でしたが部長の顔色を窺い、ワタシの失敗をしつこく責めるタイプでした。あるとき、「松崎、なんだ？　この書類ミスは。しっかり

やれよ」と怒鳴ったので部屋のなかに険悪な空気が流れました。追い打ちをかけるように、「今月のノルマ（月10台の契約）は大丈夫なのか！」と責めるので、「大丈夫です」と答えるワタシの太鼓判にムカッ腹を立てたのか、「それならすぐ（契約を）取ってこい」と急き立てました。さすがに剣呑になった部屋の空気を読んだブル部長が、「うるさい、静かにできないのか！」と注意したときです。

例の課長が猫なで声で、「部長、申し訳ございません」と言い訳し、「もう、知らない、知らない、知らない」と身をくねらせてワタシに言い訳する格好が滑稽で忘れられず、後年、番組での相手役が無理難題を突き付けるとそれへ返すギャグに応用したのが受け入れられるとの感覚を、このとき学びました。

喜劇役者の本性は、人間の隠された喜怒哀楽を適宜に選択し、タイミングを狙って発する感性を磨くことが大事と胸に刻みました。もっとも口で言うほど簡単ではありませんでしたが、照れずに繰りかえししていると自然なタイミングでギャグを発する行為ができるようになっていきました。

もっとも何度も失敗し落ち込みましたが、なぜかへこたれませんでした。

ワタシには開き直りのずぶとさがあったと思います。その背景にはおやじさん（植木等）の、諦めは自分への侮辱、と思える無言の訓えがあったと思います。

だから無芸のワタシの禁句は、恥は敵、ネバーギブアップ、ですかね（笑）。

このギャグは小松にとってTV番組（『シャボン玉ホリデー』NTV系）で最初にオンエアされた。

一つのキッカケが人生の出発点になるという道筋を小松は自ら探り当てた。「これがあったので現在の自分が存在する」と語った忘れられないギャグとなる。

なが〜い目でみてください

酒が好きなワタシには飲酒での失敗談は山のようにありますが、それはさておき、異色の出会いで成り立った背景が、「なが〜い目でみてください」でした。

女装趣味の方は多くいらっしゃいますが、ワタシが酒場で出会ったのはキレイに化粧を施した中年のオカマさんです。

かなり酔って彼の部屋で眠りこけ、目覚めると隣室から電話をするくぐもった声が聴こえました。どうやら好きな相手らしく、「あなたのためなら何でもする。何でもするから」と泣き声です。

やがて通話を終えて化粧鏡を開いてから、自分の顔をじっと見て、「年をとったわね、私」。そして、思い切り小じわが刻まれた両目尻を引っぱると、こうつぶやきました。

「私のことをながーい目でみてください」

この心理の裏には（あなた、これからもずっと好きでいてほしい。よろしく）という意味が隠されているのはミエミエです。

人間の哀感があって、それに胸に沁みる独白だったので、ワタシの青春の日を忘れないためにもギャグに使わせてもらい、かなり長い間、番組のプロデューサーから要求されたですね。

当該のオカマの逸話に人生の哀愁が迫ってくる場面が想像できる。小松の話を聞いて、イギリスの詩人ウィリアム・コリンズの名言を思い出す。「男は気持ちで老け、女は顔つきで年をとる」。

小松が出会った女装の相手はオトコに決まっているが、果たして、気持ちは女だった、にちがいない。

人の性《さが》を刺激する持ち場にこそ喜劇人の本領発揮の場があると小松が知ったことが、後の『しらけ鳥音頭』などの性別不明のキャラクターを誕生させる原動力になって笑いをつくるギャグへ進化した。

ねえ、おせーて、おせーて

人間観察は面白いです。他人は人生の教本になります。ワタシは酒場へ出向くことが多いので、どうしてもそういった場所で出会う人が対象になります。その夜は単独でしたので周囲の客がなんとなく目に付くわけです。

店を終わった水商売をしているような若い女が、イケメン男（ホストのような印象でした）と少し揉めている感じでで。女のほうが惚れているのは明らかでした。男に必死にしがみついている風情に興味が湧いて、我慢できずにそれとなく聞き耳を立てたのもワタシのどうにも抑えられない好奇心だった気がする。

「訳がわからない、ねえ、どうしてなの？　私のどこがイケないのか言って。言うとおりにするから。ねえ、おせーて、おせーて」

「なんでも言うとおりにするから」の女の声音に恋情が痛いほど籠って伝わりました。上半身をくねらせ、必死に男心を取り戻そうと訴える女性が少し気の毒に映りました。でもワタシの興味を誘ったのは彼女の最後のイントネーションです。どのように解釈しても、「おせーて」は「教えて」です。これは酒場で出会った彼女には失礼ですが、ＴＶ出演したとき、絡んでくる相手役へのギャグに使えると直感しTV番組で多く使わせてもらったのは幸運でした。

惚れた弱みで逃がしたくない恋。必死になる人間は他人からは案外、滑稽に映る。ギャグの本筋は人間が正直に吐き出す本音に隠される。その間合いの妙がギャグの真髄なのだと。ギャグは日常会話から微妙に外れたナンセンス路線上にあると世情に受け入れられる。気がつかないゆえに滑稽味を増す要素が詰まっているからだ。

小松のギャグは本音を吐く人間心理が発生源と分かる。小松の人間観察眼が喜劇人としての最大の後ろ盾だったことは明確だ。要は人の会話は相手との気持ちの距離感（相手が何を聞いてもらいたいかの直観力）をどのように探るかにある、と小松はギャグの背景を表示して伝える。

ワリーネ、ワリーネ、ワリーネディートリッヒー

京都（太秦）の撮影所で週5日仕事を頑張っていた時代（1980年代）の話です。ある日、東京へ帰る日に東海道新幹線を待つ京都駅のプラットホームで、ワタシは「中年の男性」と出会いました。男性は正装でしたが大分、酒に酔っていて、高砂や、と唄ってご機嫌でし

たが、足元がふらふらで、危ない、と内心思いました。でも無視すると、男性がワタシに気づいて、電線音頭を踊ろうとした瞬間に足元が乱れ、近くのキオスクの公衆電話に縋《すが》りつきました。

そのとき男性は偶然に手にした受話器に向かい、「カアチャン、ワリーネ、ワリーネ！ 悪かった」と謝り続けます。

ワタシは妙にその男性の日常を覗き込んだ錯覚に捉われて、「ワリーネ、ワリーネ」のフレーズが忘れられなくなってしまい、あるときから「ワリーネ、ワリーネ、ワリーネディートリッヒー」のギャグに結び付けました。

咄嗟に結び付けたのは語呂がイイのと、流れのリズム感があったからです。ギャグというのはこの二点が胆《きも》なのだと心に刻みました。

マレーネ・ディートリッヒはドイツ出身の大女優。「女はみんな貞淑でいたいと思っているのよ。ただそうしたくなる男がなかなか見つからないだけ」と見栄を切る彼女の名言がある。これを知れば、さすがにこのギャグは安易に使えないかも？

小松には「言葉のリズム感」の才を感じる。全く相反する言葉の組み合わせで新しい世界観が生まれる。

その狭間の特質が思いも及ばない効果を作り出すのが小松特有の感性だった。

もうイヤ、もうイヤ、こんな生活

このギャグは若い女性と彼女の先輩の酒場での会話がヒントで、耳にした会話がワタシの触感を刺激しました。バラエティーで相手役から徹底してイジられる場面で、「もうイヤ、もうイヤ、こんな生活」と切なくオーバーに返すギャグにしたので大成功しました。短く言ってしまえば、ワタシは芯から「人が好き」で、そうした「人の飾らない一瞬」を切りとるのをギャグの根底に置こうと合点したのはこの時期からでした。

人間の本音をギャグに転用する小松は人一倍の感性を世の中へ張り巡らせていた。小松の特性の一つは「礼儀を重んじる」にある。礼儀こそ、相手の信頼を得る最大のチャンスと心得るからだ。たとえ裏切られても一度信じた相手は裏切らない。小松の心情はその一点に集約する。良きにつけ悪しきにつけ人間関係の喜怒哀楽の場数こそ、小松は人生そのものと信じると明かす。それもあって小松は広い交遊が喜劇役者として、人として在り様を納得させる口調に、多くの人と付き合える至福感を幾度も経験してきたに違いない。

ワタシは他にもギャグがあります。例えば、

「ニンドスハッカッカ、マー！　ヒジリキホッキョッキョ！　トーベトベトベガッチャヤマンニマケルナ、マケルナガッチャヤマン、ワー」

「何をユージロー、シマクラチヨコ」

「だってそ〜でしょ？　そ〜でしょ？　そりゃそう〜だもん」

「上手だね、上手だね〜」

「あんたはエライ！」

等々。以下は省略させてもらいます。

ただし、この番組だけは飛ばして先に行けません。1970年代の後半、伊東四朗さんと共演させてもらったTV番組『みごろ！　たべごろ！　笑いごろ!!』（NET・現テレビ朝日系）でのベンジャミン伊東と小松与太八左衛門での出演で、「〜それを猟師が鉄砲で撃ってさ、煮てさ、焼いてさ、食ってさ、ヨイヨイヨイヨイ、オットトットット〜」と、歌う『電線音頭』は話題をさらいました。またマペットを使うワタシの『しらけ鳥音頭』での、「しらけ鳥飛んでいく、南の空に。みじめ、みじめ〜」は、その後に志村けんさん（2020年3月没）がTV『8時だョ！　全員集合』（TBS系）で、「カラスの勝手でしょ」を演じて人

気を博した、『しらけ鳥音頭』のモデルケースです。

ざっと数えてもこんなもので、まだたくさんありますが、この辺りで打ち切りにします。ワタシの生き方は現状に奢るな、ですが、憂鬱な世の中はギャグで笑い飛ばそうではありませんか、なんちゃってシンデレラ（これは他人のギャグでしたか。拝借してゴメンなさい・小松）。

ギャグは人生の漢方薬

ギャグは人生の漢方薬。小松が発する幾多のギャグには人の本音が塗《まぶ》してあって聞く人間を笑いに巻き込むことで精神安定剤になるからではないかと考察できる。小松を取材しての著者の印象だ。

小松のギャグの特質は同じ言葉を繰り返し、強く印象付ける心理的効果を狙ったものが多い。

これは「リフレインギャグ」と呼ばれるが、そうした意味合いからすれば喜劇役者小松政夫は悩める人の漢方医であろうか。

めげない、恥じない、諦めない。小松の生き方を聞くと、この三点に集約される。それは喜劇界のテッペンを目指す「人生の絵図」があるからだ。

ワタシは人間の笑顔が好きです。だったら、「人をもっと笑わせてやろう」と。そのためならどんなナンセンスな演技も拒まないと決めました。そうした思い付きが動機になりましたが、実際は泣かせるよりも笑わせるほうがずっと難しいと思い知らされるのです。悲しむ感情は似た状況である程度は判別できますが、笑いの状況の沸点は人によって異なると経験したからです。もっと言えば、その人間の生き方が笑いを引き出すのではないかと学びましたね。しかしだからこそと思いました。「オレは人を笑わせたい。笑ってもらいたい」と。笑わせられたらどんなに愉快だろうと。故郷で同級生やアルバイト先の大人を思い付きで笑わせた快感がよみがえりました。ギャグを連発した当時の苦しみは「思いもつかない発端」がワタシの喜劇役者としての始発となった次第という裏話でした。

人は己の絵図面を抱えても前に動く意思がなければ到達し得ないと小松の意思の強さから窺える。失敗こそ己への叱咤と受け止める目的意識を失わなかった小松だからこそ、喜劇の本筋から外れなかった生きざまを成し得たと観て間違いはない。

人は与えられた道筋（天命というべきか）に向かい、がむしゃらに汗を掻いてみる時間が大切と、小松の喜劇役者を目指した日々を見つめると我がことのように思える気がするのは否定できないのではないか。小松はギャグを造形するたびに怯えたと明かす。次をどうするか、とそれが心に萌《きざ》すからだと。

だが怯えを打ち壊す手段が「次のギャグの創造」だったという。そしてその日々が自分に与えられた人生と思えたからこそ、真正面から立ち向かえたと語る。怯えと喜び。小松の人生はその繰り返しだった。

本人は羞恥しつつ明かすのである、挫けなかったのはお客さまの笑顔だったと。小松は人の笑顔を誰より大事にしたいと信じたからこそ、次はもっと笑わせてやろうと鼓舞したのだとの推測は間違っていない。

しかし、ワタシは世間で人気が高くなったギャグに拘《こだわ》りませんでした。それは自分の芸能界への怖れだったと言えるかもしれない。人気は有り難いが泡のようでもあると。おやじさんの全盛期から晩年まで見て来たワタシはその現実を肌で感じました。それに、もともとワタシはギャグを旗印にする芸人になる気はなく、喜劇を基軸の役者志望です。上京をして新劇（俳優座）の試験を受け、合格しています。こうした過去が自分の将来への布石と信じる人生訓がありました。ワタシの人生はいつも喜劇をめざす役者への一歩先の自分の勇気と心意気が肝心と誓っていましたので。

ギャグの期限を知る男

ギャグの持ち時間（世の中に受け入れられる期限）はせいぜい半年。ほとんど数か月で過去のモノになってしまいます。一つのギャグが世に「流行り言葉」として浸透したころにワタシは次の新ネタを考えていました。一つのギャグの新鮮度は新陳代謝の激しい芸能界にあって、驕るなといった戒めの賞味期間と認識しました。

それを承知していたからこそ、次第に次のギャグを造形しなければ追いつかなくなると考えるようになり、その心理的な圧迫感に追い詰められる自分を想像すると背筋が凍りました。新しいギャグが世の中で独り歩きした瞬間にワタシには新ネタが必要とされるからです。しかしそれはそれでやる気を刺激しました。将来を見据えた心意気。それが喜劇を目指したワタシの両輪でしたので。

小松はギャグの賞味期限前に捨てる決断を選択する。一つのイメージに拘束される不自由さと不便を見込み、嫌った。先見性があり、決断力に従う潔さがキャリア60年を熟《こな》すバックボーンにあったのは言うまでもない。

だが新しいギャグの創造は小松の心身を消耗させたに違いないと思ったが、その時期は「まったく逆です。次はどんな風に笑わせてやろうかと思う時間に誘惑されて時間を忘れました」と。心理的な両面を絶えず繰り返した。

これらの苦心の結果が成り立ったのも小松が生身の人間の現実を見通したからだと判断する。笑いのネタは世間に転がっているからこそ受け入れられる。その小松の視線が真実と分かる。

「サヨナラ、サヨナラ、サヨナラ」の裏事情

映画評論家淀川長治先生の物真似は例外でした。原則としてギャグの具体的な人物像（淀川長治）に対するイメージが大衆に明白だったからで、ご当人に余計な迷惑がかかっては申し訳ないと考えました。

さらにもう一つの真相は、ＴＶ番組のバラエティーには出演なさらないと知り、ご一緒する機会がなかったことが居心地の悪さとなって胸にシコリのようにあり、ご挨拶のキッカケを待つしかなかったからです。

ところが、4~5年経った頃、新幹線の車中でご一緒しました。恐縮するワタシに淀川先生は例の笑顔で話しかけてくれ、「いつも見ていますよ」。ワタシが挨拶をしてからも恐縮していると、「あなた、お幾つ? ソー・ヤングですね」と例の物真似をさせてもらうときのイントネーションで笑っていらした。以来、ご本人がワタシの存在を、しかも自分の物真似をすることを承知したと思い、先生の優しさに感動しました。人の優しさ、温もりをワタシは先生から学びました。喜劇役者として自分が大事にしなければならないのは、こういう優しさだと教えてもらった。そんな気がして先生にはいくら感謝してもしきれないと思い、同時に人の恩に報いることこそ喜劇役者の守り神と誓ったからです。

新幹線車中での淀川長治との短い時間に、小松には全国の映画ファンのみならず多くの日本人の心を温かくさせた原因が分かった気がしたという。別れ際の「また、お会いしましょうね」と言ってくれた淀川長治の笑顔を小松は支えにして、番組でのトピックを淀川の口調をデフォルメして演じるようになる。賢い選択だった。「笑顔は人間を裕福にする」。裕福を「心豊かにする」と言い換えても構わないだろう。

「ハイ、皆さんお元気ですか。ヨドガワナガハルです」

「あなた、イイですね。ソー・ヤングですね」

「ではみなさん、またお会いしましょうね」

サヨナラ、サヨナラ、サヨナラ。

ワタシにとっての記念碑こそ、「サヨナラ、サヨナラ、サヨナラ」の持ちネタ（ギャグ）であり、喜劇人小松の門出を飾った当たり芸となりました。


ところが小松は「淀川長治の物真似芸」に関する自分の誕生秘話打ち明け話が恩師植木等の知るところとなって、叱責される経緯がある。だが小松にしてみれば、天の声、だった一件が起きる。


「良かったよ、小松ちゃん。淀川長治の物真似が女子どもに大受けだ」（TVディレクター）。ギャグは一般的に女性と子どもが受け入れてくれると流行する傾向があります。そのときに、「ワ、ワ、ワタシにはこれしか（淀川長治の物真似）あ、あ、ありませんから」と応えたつもりが、おやじさんから叱られた一件があります。実はおやじさんからまともに叱られたのが、「そのとき」だけだったので、どうしても口を突いてしまうのです。

「これしかないとは何だ。お前が一生懸命に考えた結果だろうが、もっと自分の芸を大事にしろ」

あんなに厳しく真面《まとも》に怒られたのは初めてでした。だからこそ、おやじさんの最後の言葉がワタシの座右の銘となりました。

「これしかないなんて言うな。急がなくていい。ゆっくり自分の芸を大きくしていけ。自分の芸を自分で貶《けな》してどうする。大事に大きく育てる根性があればいつか実が成るときが来る。それまで待てないなら喜劇を諦めろ。短期間で花が咲くほど甘くない。そのことを弁《わきま》えて精進しなさい」

おやじさんの真剣な口調にワタシは一言もなく、ひたすら俯いてその言葉の一語一語を嚙みしめようとしました。


焦る小松を嚙んで含める植木等の説得に小松は泣いたというが、芯から震えたとも付け加えた。持つべきは師だと誓ったとも。

先人の名言がある。

「幸いにも君らには、僕や他の上司がいるから、叱ってもらえるのだ。こういう機会は上へいけばいくほどなくなってくる」(『経営心得帖』ＰＨＰ研究所)。上司の部分を「植木等」に入れ替えれば小松が泣いた意味が通じる。

そしてこの至言は、「だからこの機会はじつに尊い機会だと思わなくてはいけない」と続く。松下電器（現パナソニック）の創業者松下幸之助の言葉だ。

もう一つ。米国第38代大統領ジェラルド・R・フォードの「背中をポンとたたく。腕を肩にまわす。うまくいったらほめる。いかなかったら慰め顔でうなずく。これはゴルフだけじゃなく、人生でも大きな意味を持つ」という名言を次に触れる植木等と小松政夫の逸話に当て嵌めると頷ける。

植木と小松の師弟関係での泣ける話は今や伝説になっている。有名な逸話は「天丼とカツ丼」だ。植木の快気祝いのゴルフコンペでの一事である。

伝説になった師弟愛の真相

この逸話がどうしても長くなってしまうのは、おやじさんとの交流の起承転結がはっきりあるので省略しては話せないからです。

それは運転手兼付き人時代の時期で、まだ寒さの残る春三月。ワタシはおやじさんがゴルフのプレイが終わるまで上半身裸で、おやじさんの新車をピカピカに磨いて待ちました。午後になり、おやじさんの名前が呼ばれたので玄関前に着けたとき、おやじさんが大勢の見送り人に向かい、「この松崎（小松）は私の運転手ですが、そのうちに売れっ子の大スターになります。どうぞ眼をかけておいてください」と叫んだのです。驚くやら嬉しいやら。少し混乱しました。

このとき面映ゆくもあったが小松は芯から嬉しかった。胸がいっぱいになって、帰りの運転に影響があるくらいだったと述懐する小松の目頭が微かに光った。次に植木等への思慕が深いと改めて分かるゴルフ帰りの逸話の後半部分を聞く。

後部座席に座るおやじさんが唐突に、「蕎麦が喰いたいな。この近くに知っている店があるので寄ってみよう」と言ったのです。でもその店は寄ったことがない日本蕎麦屋でしたから、ふしぎに感じましたが指示されたとおりに着けました。
「ああ、腹が減った。オレは天丼とカツ丼だ。お前は何にする？」と聞かれ、遠慮して盛り蕎麦を頼みました。天丼とカツ丼が運ばれると突然、「ああそうだった。俺は医者から脂っこい食い物は禁じられていた。仕方がない、松崎（小松）、俺の分まで食べなさい」
おやじさんは最初からワタシに食べさせるつもりだったのです。実はゴルフ場で待機していたとき他の運転手仲間から離れて、おやじさんのクルマを他の誰よりも光らせてやろうと食事抜きで車を磨いていたので腹ペコでした。

それをおやじさんが知っていたのかは分かりませんが、あのときの天丼とカツ丼ほど有難く思ったことはありません。

すべてを平らげて美味しかったと感動するワタシを見守るおやじさんの眼差しが今でも忘れられない。

その笑顔はワタシの宝です。

第二章

酒が染みる夜

伊東四朗（俳優・コメディアン）　狂気の芸の真相

芸人の芸には二通りある。突っ込む芸と受ける芸である。芸人はそれぞれが自分のキャラクターを最大限に活かせる持ち場を弁《わきま》えて舞台が成り立つ。小松は敢えてこの喜劇役者（エンターティナー）を挙げて裏側を明かす。その人とは喜劇役者伊東四朗だ。

ワタシはどちらかと言えば、受ける芸で、ボケですが、共演してツッコミの印象に残る人はたくさんいます。なかでも伊東四朗さんは特別です。

芸達者な伊東さんは知り合った時期、お笑いトリオのてんぷくトリオに属していた若手で、すでに触れましたがTV『みごろ！　たべごろ！　笑いごろ!!』（NET・現テレビ朝日系）で共演させてもらい、会話の間合いを学び、声の強弱を覚え、殊にカメラフレーム内のカラダの動きを学びました。

当初、伊東の芸は従来の常識を乗り越えるハチャメチャ（もちろん本人は緻密な計算の上）に小松は感じた。で、それを真面《まとも》に受けるにはどうしたら互いが輝けるかを考え、結局は、「受けの芸」に徹することにしたのだ。

教えられる存在に気づくことこそ、人が成長する大事な一断面なのは当然だが、それには常に己と向き合っている自分を忘れてはならないという小松の言葉が迫る。自分と向き合うとは、ある種、傲慢でも成功譚を欲望することだと著者は小松の証言を言い換えて理解する。もっとも小松はそれほど大上段に構えて打ち明けたわけではなかったが。要は、自分流に生きる日常こそ大事に、と理解するのが正解だ。

スラップスティックの本質

伊東さんの芸は「狂気のスラップスティック（既成の常識を破る行為）」ですから、やがてこちらも同じ土俵に乗らないと場の空気が合わないと知り、当初は悩みました。相対するには敢えて破調も肝心と学んだのは、この番組での伊東さんとの出会いであり、後に有り難いと感謝しました。

相手の芸を受けて合わせるだけでなく、こちらも伊東さんの芸の世界を打ち破る覚悟の破調が必要と気づかせてもらい、勉強になり、お陰で芸の幅が少し広くなったと感じたのも伊東さんの立ち姿でしたね。その後に「二人芝居」をご一緒させていただき、伊東さんの変幻自在な立ち回り方を学び、その存在はワタシの見本となりました。

そのときワタシは、自分勝手な立ち回りは相手役ばかりではなく、自分の存在を損なうと学びました。ワタシに自分の身の置き処があってその範囲内での「動き」が肝要という点でした。出しゃばらず、引き過ぎずの按配を肉体で覚えたと感じさせてくれたのは、伊東さんのスラップスティックな肉体芸を間近に演じさせてもらったお陰です。

ところが伊東さんの素顔が物凄く真面目で誠実で物静かな面を知って、凄く人間的に尊敬しました。喜劇人に限らず、人間の根底は真面目に日常を過ごす時間にあると学んだからです。真剣に生きる日々が喜劇の本筋に繋がっていると身に染みたのもそれからの時期だった気がします。

タモリ（司会者）　異能の存在感を見抜く

小松にとって忘れてならない存在は異能の男タモリである。小松とタモリは妙な縁で結ばれていく。その絆を小松はとても大事にしていたと分かるのは彼の真摯な口調にあった。それは次のようだ。

ワタシのほうが年上なので森田一義（１９４５年8月22日生まれ）を、「モリタ（森田）」と呼びました。と言うのも、あるとき、番組の現場でワタシが「タモリ！」と呼んだときに周囲がザワザワしたからです。おそらくモリタを「タモリ！」と呼び捨てにしたことが原因だったのでしょう。以来、ワタシは衆人のなかでは「タモリ」と呼び捨てにしないことにしました。これも業界での礼儀と自覚したので。

タモリが小松家恒例の「ちゃんこパーティー」に姿を見せるようになったのは、タモリがプロになる前で、「新宿に爆笑してしまう素人がいるから見にいかないか」という親しい作家（高平哲郎）の一言がきっかけだった。運命の巡り合わせだった。

人は出会いによって新たな成果を見つけることもあるが、タモリとの遭遇は小松の世界観を拡大したのである（小松談）。言葉を駆使する笑いの裏にはその人間の人生が塗《まぶ》されると。体験の裏打ちがある笑いにこそ真実があると小松はタモリとの交情で学んだ。

最初はさすがに驚きました。酔客の呼び声にイグアナの真似で床を歩いたり、自分の尻に燃え盛るローソクを差し入れたり、奇妙な鳴き声を店内に響かせる奇人がいて、『笑っていいとも！』（フジテレビ系）で全国的な人気を得る前でした。

生まれたばかりのワタシの息子の前で悪ふざけをした同県人のモリタと顔を合わせると、会話に福岡弁の訛りが混じって楽しかった。何気なく話しているだけで滑稽味が滲みでる会話力は間違いなく異能でした。

例えば、製材所のカッターで次々とトピックを切り刻む頭の回転の良さはシュールでハイブロウな新感覚芸と正直、唸りました。こんなふうに人の本質を表現する「タモリ」に喜劇人としての感性を刺激されました。

さらに小松との縁が濃くなったのは小松家での「ちゃんこパーティー」にタモリが顔を見せるようになり、タモリの室内芸に爆笑し、ネタは呆れるほどの勢いで増幅していき、互いの感性を激しく刺激したからだ。刺激しあったことで自分の個性に気づかされる。小松はタモリとの遭遇で新たな「芸域」をひろげた。否、刺激され、突き動かされた。それは次のタモリの「芸」に触れたことで触発された。

ヘンテコな中国語の麻雀、寿し将棋、京劇、ＵＦＯを観た驚き顔、ｅｔｃ．しかし何といってもモリタとワタシの白眉は、「京劇の物真似」で、一応は互いに役柄を決めておいて、後は成り行きで自由勝手に「デタラメな中国語」で演じるやりとりです。互いに言い合い、いくら時間があっても延々と続けることができました。当時からモリタはすでに素人芸の範疇を超えていて、変な言い方になりますが、「素人を超えるシロウト」でした。

素人を超えるシロウトの正体

モリタの性格は穏和で物静かですが、いつも感性の羅針盤を動かしているように世間の動静を観察している感じがしました。要するに、好奇心です。好奇心によって物事を吸収する性格は知識欲でした。何かを知ることでその先を知ることが可能になる、といった貪欲さがあり、ワタシの刺激になりました。

知り合った当時、ワタシはモリタがマスコミの餌食にされ、そのまま地下芸人となって消耗される兆候を惜しいと思っていましたが、幸いにも赤塚不二夫先生（漫画家）の推薦で先生が担当する番組に出て、ラジオの定期番組（『オールナイトニッポン』ニッポン放送）のレギュラーで世間に知られ、やがて、『森田一義アワー・笑っていいとも！』（『笑ってる場合ですよ』の後番組、1982年10月~2014年3月・フジテレビ系）でその名があれよあれよという間に全国に広がったのには驚きよりも、やっぱり、という実感が先でした。

本名が冠になる異例のTVバラエティー番組は、「面白くなければテレビじゃない」といった先鋭的な惹句で、当時の世間を煽動した後発の民放TV局フジテレビと歩調を合わせて急上昇する。番組の進行表はあるものの、時間が経過するうちに内容が変わるハプニングが予定調和を見透かす視聴者の関心を刺激して視聴率を獲得。その中心に司会役のタモリの立ち位置があった。

小松はタモリによって芸の新しい領域に目覚めたと明かした。無個性の個性。タモリは小松に新たな光明を引きだしてくれたと語ったが、喜劇役者としての立ち位置を再考させられるほどの衝撃だったと告白する。無理に造形しない「ゆるさ」に感化された、という。

局側（フジテレビ）が視聴者の中心にと狙う20歳代から40歳代の女性層が好む、華やかな芸能色をオブラートして彩った超人気番組『笑っていいとも！』は、従来の常識の殻をスレスレに破る演出が成功しましたね。なかでも、「テレフォンショッキング」の予想外のゲストの指名に、芸能ネタを好む女性視聴者の関心を摑むためにショートレンジな方法論をモリタが独自に習得していたのは、先に触れた「オブラートに塗した好奇心」だったと思います。モリタが独自に習得していた笑いのツボだったとも思っています。

時代を翻弄する能力

成功の裏にはタモリの飄々とした差配に隠された狂気があった。テレフォンショッキングで次のゲストに繋ぐあいだ、タモリは紙にメモを書いて時間つぶしをしていたと思われたが、それには誰でも知る女性器が描かれていた逸話がある。しかもその紙は、妊娠しているゲストの腹に当て、安産の紙に、と鮮やかに転用した。なんでも来たれ、怖いモノ知らずの当時のフジテレビ（CX）の番組には時代の勢いが充満していた。

もしかして、モリタに言わせれば、芸などではなく、それが自分自身と感じるときがあったかも。彼は敢えて観客を笑わせようとして話題を振る芸風ではなく、自分が感じたこと見たことを飾らずにストレートに喋る。まさにモリタは番組のシェフでした。「オレが司会だ」と大上段に構えるのではなく、モリタ流の料理の仕方で話題を進行する安心感が番組の核になったのは当然の成り行きで、同郷の大出世を嬉しく観ました。自分も個性を生かして負けられないと火が付きました。一度火が付くとワタシは自己啓発で時間の観念を忘れるタイプで、もっと何か自分が見落としていることがあるに違いないと。具体的なギャグの創出という点に拘らないで、自分の持っている喜劇人魂を信じる要素を探り出すことに努めるべきだと、そのとき気がつきました。ワタシの関心はギャグよりも喜劇人としての役者の演技に傾倒しました。

番組の流れがタモリの独白という形式を現実化する独自のムードが、旧風打破の新しい勢力（フジテレビ）の後押しで新鮮に映る。タモリ方式とは演出があるのにそれをまったく感じさせないバラエティーの新しい方向性であった。

異能の男タモリを論じた『タモリ論』（樋口毅宏・新潮新書）から一文を抜粋する。「あなたはギャグによって物事を無化していったのです。あなたの考えは全ての出来事存在を、あるがままに前向きに肯定し受け入れることです（以下略）」。

これはタモリの発見者で漫画家赤塚不二夫へのタモリによる白紙の弔辞（2008年8月7日）の一部だ。

人間関係の繋がりの奥行きが明瞭に吐露されて広く世間の共感を呼ぶが、植木等と小松の師弟関係も互いの存在を受け入れた関係で成り立った。

タモリの狂気

ワタシが思うにモリタの芸（あえて芸と呼びます）は日常を受け入れ、尚且《なおか》つ、笑いに昇華する人間賛歌に徹する誇張のない、ときに皮肉を込めた自然な話芸にあります。その視線が立ち位置を決して崩さない賢さではないでしょうか。

話題の奥に痛烈な皮肉が見え隠れするのですが、それを露骨に表現しないウンチク（蘊蓄）がモリタの存在感を際立たせます。

蘊蓄も皮肉も誇張は逆効果になると知る賢さです。

伊東（四朗）さんのスラップスティックな狂気とは正反対の、日常会話の和みのなかにモリタの知見がちりばめられる話芸は、敢えて言えば、狂気を秘めた受ける芸、でしょうか。

本番でのタモリは自分から振った話を他人に強要しない。分かる人が分かり、笑える人が笑うに任せるタイプ。しかし彼の話には必ず「裏」があると知れば、テーマによって発せられる蓄積された知識での話題の時宜と見解の広さが半端でない。それを小松は評価した。キャリアと芸域の違いはあっても小松は己の喜劇を見つめる教唆にしたと語る。

「頑張ると疲れる」の本意

モリタの知られた言葉に、「頑張ると疲れる」というのがありますが、悠々自適とは異なる一歩先を見る洞察から発した本音に気づき、彼の底力を見直したのです。

九州福岡の人間（特に男）は信じたことを押し通す自己主張が強い。モリタにもその血筋は流れていると見ますが、ブラウン管を通じて伝わる二重の人間性は福岡県の土地者（とちもん）には理解できます。ただ、一般的な評価がその逆に見えるのもモリタの理性に支えられる人生体験から得た賢さなのではないかとワタシは思いました。

同時に男気があって、涙脆い県民性があるのも福岡県人であろう。タモリは意図的にそういう表立つ性向に一枚のベールを被せることで自己啓発を完成させ、生来の狂気を黒いサングラスに隠して大衆の前に立つ芸人である。

先の「タモリの弔辞」は次のように続く。

「それによって人間は、重苦しい陰の世界から解放され、軽やかになり、また時間は前後関係を絶ち放たれて、その時その場が異様に明るく感じられます（以下略）」

小松は自分の立ち位置を常に再確認する賢さを持ち合わせるタモリを評価する。

まさにこの一文こそ、モリタ本人が抱える真髄です。彼の話芸には人間に対する警告が塗され、人間本来の自由で闊達な生きざまが巧妙に見え隠れするのが分かります。画面を突き破って否応なしに視聴者に降りかかる転調と破調の凄さです。それが小気味いいのはモリタの洒落たエスプリが隠し味になっているからとワタシは判断します。

先の弔辞の最後は、「私も、あなたの数多くの作品のひとつです」と結ばれる。
どこか、見知ったような師弟が身近にいる。
植木等と小松政夫である。

独立が許された日

「お前、明日から来なくていい」
ワタシがおやじさんに唐突に言われたのは付き人兼運転手になって3年余り後のことで、あまりに突然でした。

「小松、今まで苦しかっただろう。明日からはめいっぱいビールが飲めるぞ。あははは」。例の映画で観る無責任男の高笑いです。ところが、デビューを指折り数えたというのはワタシの場合、ちょっと事情が違います。いずれ独り立ちをするのは目標でしたが、まだまだおやじさんの傍で学びたいことがたくさんあると信じたからですし、おやじさんを人間的に頂の高い存在だと尊敬したからでした。

もっとも当時は、明日から来なくても構わないと言われても、TV番組(『シャボン玉ホリデー』NTV系)の現場で顔は合わせる。しかし、植木は「けじめ」を重く見た。独り立ちする弟子を身近に見る親心だったのか。小松は植木の気持ちを受け止め、スタジオでの収録には常にその視線を背中に感じていたというのが現実だった。同時に自分の芸域の狭さを実感させられたとの事実も正直に明かした。自分に足りないもの、あるいは自分に必要なものを探しあぐねた小松の喜劇役者としての苦悩の始まりだった。しかも。

大失敗した初単独番組

触れましたが、単独でレギュラーを得た番組『今週の爆笑王(1968年5月)』の司会は、ワンクール（13回）で終わってしまいます。土曜日夜のゴールデン（タイム）のプログラムでしたがトチッたり、同じ発言を繰り返したりして進行に影響がでたりで、ワタシは手痛い経験をしました。

今思えば、格好の試練になりました。そうは言っても独り立ちしての早い時期の試練こそ自分の肥やしになると考えていましたので、腐らずに前を向こうと気持ちを切り替えたものの、ひたすら辛抱の日々でした。

過去、付き人としてスタジオや撮影所であれほどおやじさんが動く姿を経験しているのにと、自分の情けなさで悩みました。

けれど、「少しずつ自分の芸を大きくしていけ。焦るな」のおやじさんの励ましを後ろ盾に前を向けた気がします。ワタシの持ち歌で愛唱歌の歌詞ですが、「いつも心にシャボン玉を持て」の言葉に励まされ、胸に闘志が湧きました。悩んでクヨクヨする暇はないと感じた瞬間だったからです。

シャボン玉はパッと飛んで人を和ませるものの、パッと消えてしまう。でも人の気持ちを一瞬でも明るくさせる。小松は自分の使命は「それだ」と当時の内心を明かした。喜劇こそ生きる道という決意を今さらに胸に刻んだのだ。

それが本心であった。

吉永小百合（女優）　役者への道で出会った名花

その後の小松の気持ちは役者志望へ転向していく。もともと俳優になりたくて博多を旅立ったのが原点であるからだ。

おやじさんから独立して最初のドラマのレギュラーは金曜劇場『花は花よめ』（1971年・NTV系）で、主演は吉永小百合さん。吉永さんは人気芸者の役で、やがて子持ちの男と結婚する設定でした。

このドラマでの吉永さんは自身の芸歴で初めて芸者の役と子持ちの役を演じ、ワタシは大金持ち問屋の息子で純情で親切心はあるが喋りすぎの役です。結構、緊張の連続でした。吉永さんとワタシが絡むシーンもあり、現場では張り詰めていましたが、将来を見据える「これが俳優像」を確かに秘める存在感はワタシが知る限りで別格に感じました。それは見た目もありましたが、周囲に漂う「圧倒的な明るさ」でした。要するに、眩しいくらいのオーラがあった。芸能人に必須な要素はこうした人目を惹く「華やかさ（オーラ）」がどのくらい人の心をときめかせるかだと感じたのが現実です。

吉永小百合が俳優として転機になったのは、高倉健と初共演した『動乱』（監督森谷司郎・1980年）。映画出演に悩んだ30代での同作品の制作者（岡田裕介）の本気度に触発され、さらに高倉の撮影中に自分を律するストイックな姿勢に衝撃を受けたと後に告白する。俳優としての立ち位置を確認できたのだと言う。

同時に彼女は自分勝手ではない人間味のある思いやりの濃い女性だったのを忘れられません。俳優としての資質と人間性があるからこそ案の定、彼女は日本映画を代表する俳優になりましたね。ワタシの勘は当たりました。映画に人生を投影すると一口に言っても吉永さんの「映画愛」は半端なかった気がします。

思い返しても吉永の芝居魂と肌の美しさは天下一品だったと小松は振り返る。さらに演技に立ち向かう意気込みが人一倍だったとも。吉永は小松の結婚式でのユーモアにあふれた挨拶を一言一句、今も覚えていて、日本映画を代表する俳優吉永小百合と認めるにイヤも応もなかった。

小松は吉永との共演を単なる記念碑にするのではなく、基本は喜劇役者のスタンスを学ぶことに傾倒した。人生の機微を背負う喜劇役者としての存在感を磨くことに精を出すキッカケにする。

その後は当時視聴率を稼いだアイドル主演の連続ドラマや青春ドラマに呼ばれるようになり、有り難いことに少しずつ役者へのフィールドが広がっていき、夢に一歩、近づいた思いでした。やがて映画界からも指名されるようになって映画出演が叶い、交友関係は映画界の人とも多くなりました。

その日の撮影が終わるとワタシは決まってスタッフに声をかけて食事を兼ねて呑みに出ました。スタッフも役者も同じ土俵で働いているという意識がワタシに強いからです。もちろん、一日の終わりの美酒は表現のしようがなく、仕事を終えた心地よさを仲間と分け合う喜びは格別です。その余韻がワタシを虜《とりこ》にしました。

小松が喜劇役者への気持ちを常に絶やさなかったのは、幼いころに故郷博多で観た映画の大画面が忘れられないからである。

大画面で躍動する映画スターは小松の夢を日々、膨らませていった。だからこそ、そして今日、小松は恩師植木等の言葉を噛みしめる。夢は絶やすな、膨らませせと。この言葉が小松の心棒になった。喜劇を諦めるな、真髄を目指せと。

おやじさんはワタシにこのように言ってくれたのを今も忘れません。
「いいか、この人はと思った俳優をずっと追いかけるのだ。自分が納得し、どうしてもその俳優を目指したいと思う存在を追いかけろ」

この言葉の深い意味を考えました。「この人はと思った俳優をずっと追いかける」とは、どういう意味なのかと。そして気がつきました。「どうしても追いかけたい俳優」は、目の前にいる。「植木等」、おやじさんです。いまさらに、おやじさんの懐の深さの偉大さを感じたのは、あの葬儀会場でした。今でも身が引き締まります。

植木等の役者魂を追いかける

植木等の葬儀の日、弟子の小松は2000人に見送られて旅立ったときの参列者の歌声が忘れられず、今でも耳の奥に響くと告白する。

おやじさんは関西での仕事先から帰るワタシを待っていてくれたように、静かに旅立ちました。

「植木等さん、夢をありがとう！」の葬儀での合唱は一生、忘れないでしょう。一人一人の歌声が輪になって響いていました。おやじさんこそ、「追いかけたい俳優」でした。個性の違いは承知していますが、大事なのはその人の生き方にあると思います。

植木等の人生のほんの一時期ではありましたが傍に居させてもらった「ご縁」は、その誠心な心遣いと、真っすぐな日常を過ごすことこそ大事、と間近に教えてもらった恩しかありません。自分の生き方がどうあろうと、ワタシはおやじさんの後ろ姿を追い続けます。それがワタシの覚悟だったからです。自分の生き方（人生観）を確かめられたのはおやじさんの生きざまを眼に焼きつけたからです。

俳優植木等は晩年、『王将』（東宝宝塚劇場・明治座・中日劇場）で坂田三吉に扮し、74歳の2002年まで第一線に立った。その圧倒的な熱演は今や語り草になる。遺作になった映画出演時は81歳。本人は肺気腫と前立腺がんを患っていながら飄々とした老人役に存在感があった。

NHK紅白歌合戦に5回出場し、尚且つ日本アカデミー最優秀助演男優賞の両方に輝いた芸能人は多くない。小松が日頃、おやじさんと慕っていたからこその植木等の存在に、運命的に俳優の道を志す決意を刺激されたのは間違いない。

ワタシが付き人兼運転手で付きっ切りの時期、おやじさんのマネージャーが、「空いている時間は午前2時から8時までです」とマスコミ対応をしていたのが懐かしいです。その時間はおやじさんの睡眠時間です。いくら時代の寵児と囃《もてはや》されても人間です。人間は寝なくては倒れます。おやじさんは寝る時間を1時間ずつ削られる日程と30年間以上も闘う生活を強いられました。芸能人は売れて（出演依頼）ナンボの価値と言われますが、当時（1960年代）のおやじさんのスケジュールは異常でした。しかしワタシはおやじさんが文句を漏らして嫌な顔をしたのを見たことがないのです。「いいか、仕事はいただくもの。仕事の向こうに応援してくれる多くの後援者が待っていてくれる。感謝だ。それを忘れないこと。そして礼儀はちゃんとしろよ」と。

老婆心の戯言《たわごと》と言われるかもしれませんが、おやじさんの教えを思い出すたび、最近の芸人の礼儀には疑問があります。

「おはようございます」（芸能界の挨拶）も言葉を視線を合わせずに濁して喋り、頭を垂れることも中途半端な気がします。挨拶は基本中の基本。いくら売れていてもそれが満足にできないようでは芸能界でメシを喰う資格がないのでは。感謝こそ芸能人のバックボーン、と言うのがワタシの心構えと思っています。これを旧世代の文句と言われても「礼儀と感謝」は絶対に蔑《ないがし》ろにしてはいけないです。こればかりはワタシの持論なので。

小松は植木等の導きを胸に秘めているから前を向いて進んでいられると信じる。芸能界という表面の華やかな見える部分と、競争心を煽られる見えない部分を両立させて金字塔を建てた意味から検証すれば、植木等は文句のない芸能人だった。俳優として、歌手として、ギタリストとして、コメディアンとして、タレントとして。

当時の小松が目指した頂《いただき》は遥か高い壁となったが、小松なりに幾多の「流行り言葉」を世に広め、俳優として映画や舞台、TVドラマで個性的な役柄を演じてきた。そして小松政夫は関係者が想像しなかった胸の内を明かした。

「俳優小松政夫」の野心

ワタシが何を演じたいって、悪役です。例えば、ハリウッド映画で独自のキャラクターを発揮する怪優ジョー・ペシ（1943年2月生まれ。イタリア系米人。小柄で甲高い濁声で憎めない暴力的な役を演じる。『グッドフェローズ』（監督マーティン・スコセッシ・1990年）でアカデミー助演男優賞（1991年）を受賞しています。

悪い役を専門にしているわけではないワタシだからこそ、意外性があっていいかなって密かに胸の内で温めています。それも徹底して性悪な憎くてたまらない役です。過去にTVの単発ドラマで悪い代議士を演じた経験はありますが。やってみたいです、人間味のある悪役を。なんとか実現したいのですが。

映画『麻雀放浪記2020』（監督白石和彌・主演斎藤工・2019年4月公開）で小松は、「出目徳」という勝負の裏も表も知り尽くす役柄を、共演者（竹中直人・的場浩司・ベッキー等）と演じた。

この映画は異色の作家阿佐田哲也原作『麻雀放浪記』（監督和田誠・主演真田広之・1984年公開）の復活版で、小松が演じたのは旧作で俳優高品格が演じて助演男優賞をさらった役柄である。

ところが、ワタシ、麻雀がまったくできないのです。麻雀どころか将棋も囲碁も知らない人間で、おやじさんの影響かも知れないですが、もともと勝負事に燃える性格ではなく、やはり酒のほうがいい（笑）。ところで、悪役を演じてみたい件ですが、可能なら、観る人が唾棄するが涙を誘う役が望み。あの小松政夫が「あんなに悪いヤツだ」なんて思われる役柄（もちろん、役の上ですよ）。人間の持つ邪悪な残虐性を内部に抱き、外見は普通に見えるが実は憎いほどの悪党の役です。「小松政夫、悪役を演じる」。ちょっと世間の常識を覆《くつがえ》してみたいなんて真剣に考えています（力強く言い切る）。

かつてハリウッド映画で悪役から主役に転向して成功した俳優は多く存在する。例えば、クラーク・ゲーブル（『風と共に去りぬ』）、リチャード・ウィドマーク（『刑事マディガン』）、ジーン・ハックマン（『フレンチ・コネクション』）、ピーター・フォーク（『刑事コロンボ』）など。最近の日本でも遠藤憲一、吉田鋼太郎、松重豊の成功例はあるが、善玉役から悪役での成功例は寡聞にして少ないのだ。

悪役はイメージ的に観客の先入観に左右される要素が強いこともあるだろう。喜劇以外の分野で小松が演じる役柄は過去、善人役が多く、小悪党の印象は、すでに触れたTV『前略おふくろ様』の政吉役である。表の顔と裏の顔が交互に演技に顔を出す役割だった。同ドラマで小松の軽妙でありつつ、飄々とした台詞回しと、機敏な動きで独特の味わいとが認知され、俳優としての評価を高めた。

70歳を越えた最近はさすがに老人役が多く、「それもどういうわけかボケ老人が多くて」と本人は苦笑するが評判になった。年齢相応の役柄は当然にしても小松の悪役には刺激があると感じた。観客を裏切る役柄は喜劇人小松のイメージを一新すると期待した（残念ながら悪役実現は成就しなかった）。

悪役を願望する理由

ワタシの最高の憧れのスターは、前に触れましたが、戦後米国映画界最高の喜劇俳優ジャック・レモン（1925〜2001）。代表作はシチュエーションコメディーの『アパートの鍵貸します』監督ビリー・ワイルダー）。彼の巧妙な仕種と軽妙な表情が笑いを誘う演技は最高の手本ですが、ワタシの希望（野望と言っても構いません）は芯から悪党の役を演じることです。本来の自分にない性格や行動を演じるのは役者稼業の特権ですが、ワタシは「胸糞の悪い悪役」を自分なりの解釈でやってみたいと強く胸に描く毎日です。実際、胸糞は悪いがどうしてもそのようにしか生きられない役柄を演じてみたいです（苦笑）。

先のジャック・レモンは善人なのに人間の隠された部分（野心や欲望など）をオブラート

で包むように鮮やかに演技した。小松は裏切りや欺瞞を隠し持つ「悪党の存在感」を表現できたらと先人の演技をビデオで日夜活用して学んだと明かすが、「目指す俳優」と定め、確認した植木等が名匠木下恵介監督の『新・喜びも悲しみも幾歳月』（１９８６年）に出演して日本アカデミー最優秀助演男優賞に輝いたのは60歳であり、遺作となった映画出演は80歳であるのを振り返ると、１９４２年1月生まれの小松は年齢的にも不足はない（取材当時）。

人生の裏表を味わい尽くした悪党を、やがて傘寿を迎える小松政夫がどんな立ち位置で映画（またはドラマや舞台）の世界で演じるかに興味があったのだが。

独り芝居の名優・イッセー尾形

近年、ワタシは全国を巡る舞台に追われる日々を送り充実しています。かつてＴＶ番組『みごろ！　たべごろ！　笑いごろ!!』で爆発的な人気を獲得した伊東四朗さんとは「二人芝居」を演じて評判を頂きました。元来、舞台は30年前から定期的に踏んでいて、盟友の石倉三郎から、親分、と呼ばれ、「浅草21世紀公演」で二人芝居を行いました。たいへんだったけど、ホントに楽しかった。お客さまのナマの笑いが堪りませんでした。

なかでも、1990年頃から10年間続いた、一人芝居の異能・イッセー尾形との「二人芝居」は観客を笑いの坩堝《るつぼ》へ誘い、大好評を得た。

お客の生の反応に全神経が痺れて、役者冥利に酔ったと小松。その笑顔に至福感が濃く漂ったのが印象に残る。正直に明かせば、小松は喜劇役者としての大きな峠の一つを越えたと著者は感じとった。このときの小松の笑顔は天下晴れての爽やかさだった。

お陰さまで評判を得たイッセーさんとの「二人芝居」は最高に楽しかったです。事前に役柄は決めてありますが、ほとんどが即興劇になったのは互いに自由な発想で役を膨らましていったからで、そのイマジネーションが刺激でした。例えば、二人が後期高齢者の警備員だったらどんな展開が待っているのか、イッセーさんにもワタシにも予測が付かなくなって、板（舞台）の上で丁々発止に演じ合う時間に、俳優としての喜びがあふれて興奮しました。役者冥利を堪能しました。

数百人規模の会場でしたが、ワタシたち二人は舞台から離れて別世界を遊泳しているような気分を味わいました。このキャリアがワタシの求める舞台への欲求を充たしてくれたのです。経験が喜劇人の生き方の肥やしになると信じたワタシの人生はイッセー尾形さんとの「二人芝居」で少し充たされた気がして心底、嬉しかったです。自分も少しは喜劇役者としてやってこられたといった有難さです。こうした感謝の念はイッセーさんや多くの先輩のお陰と思います。

晩年を迎えての小松は舞台役者として、『土佐堀川』（2017年）、『めんたいぴりり』（2019年）などの大舞台に連続して出演し貴重な位置を占め、舞台俳優としての評価は高まる。そして、念願の「一人芝居」も好評だったが、一段落する気にはなれない自分と向き合う小松だ。これで終わりじゃない。否、幕引きにしてはならないと叱咤する自分と対峙する日々があったと話す。

全国で40公演の舞台はしんどいと体力の限界を感じるときもありますが、楽日（千秋楽）を終えた日の、「役者を続けていてよかった」という充実感は堪りません。例えば、舞台『めんたいぴりり』での故郷博多座公演での最終日のお客さんからの声援と、美酒の味わいは表現のしようがなかったです。ワタシはお客さんや共演仲間（俳優＆スタッフ）が支えてくれる限り、「小松政夫」としての喜劇役者の活動は止めない覚悟です。

ワタシの役割は主役を光らせる土台に徹する身が身分相応と承知して精進しましたが、だからといって、自分の存在感を曖昧にしたくない役者根性の意地がありました。ワタシの喜劇役者人生は、与えられた位置づけから逸脱しない範囲での脇（役）を務めることでした。それが現実ではあってても主役に負けたくない意地とのぶつかり合いを終生、続けます。いつも真剣に瀬戸際で続けてきたつもりです。諦めたら終わりと。その意地こそが終生の「ワタシ自身だから」です。それははっきり言えます。

小松政夫の役者信条に似た俳優がいる。時代劇全盛の時代のメッカ京都・太秦の撮影所で「5万回斬られた男」と評判を得た俳優の福本清三（2021年1月1日・77歳で没）は、主人公が引き立つ斬られ方を、「自分が真剣に痛みを感じないと伝わらない」と言い残した。つまり、己を殺しつつ主役を光らせるのが自分の立場と心得た。小松の幾多の名優と立ち向かう心意気と通じ合う気がする。

泣いた夜と酒が染みる夜

正式にデビューして10年ほど経った時期、晴れ舞台を与えられても悔し涙に濡れたことも多くありましたが、一度泣き明かすと不意に、俺にもやれる、という胸の高まりが湧き、それが勇気（やる気）を与えてくれた気がします。それはおやじさんに掛けられた言葉です。

「主役脇役に関係なく自分という存在を大事にして、焦らず、諦めずにいれば必ず芽が出る。その芽がおまえの個性だと承知してあきらめるな」

大事なのは「小松政夫の立ち位置」を自覚する。つまりは高望みをせずに行先を定めて精進を怠ってはいけないとの叱咤でした。誰にも「自分」という個性があります。おやじさんは80歳を過ぎて映画に出ていました。

ワタシは、70歳を迎えた頃、「目立たず隠れずそーっとやって50年」をモットーにして、おやじさんの年齢を超えて演技することが恩返しと誓いました。

だが小松は植木等の年齢を超すことはなかった。

「小松の親分さん」と愛され、身分相応の人生を貫いた小松政夫は恩師植木等の年齢を超えることなく78歳で天寿を全うしたが、それゆえおそらく無念さを抱えて天に舞い戻ったかも知れない。

柔和な外見から想像しにくいが、小松の男気は知る人ぞ知る。一言で言えば、生き方は硬派である。与えられた脇役の人生を精いっぱい生き切る。それを実践した78年の人生だったのは間違いない。人は与えられた場所で精いっぱいに務める。それが「生き切ること」と頷けるのは小松の生涯に接すると、どんな言い訳もなく肯《がえ》んじてしまうのは仕方がない。

該当者が業務の煩雑さでしり込みする社団法人日本喜劇人協会10代目会長を、「やる人が居なければワタシがするしかないでしょう」と２０１１年から務めたのは生来の律儀さゆえ。小松政夫が多くの人に愛されたのは自分に厳しく、他人に優しく触れる心意気にあった。だから小松の傍に多くの人が集まった。彼が醸し出す気配りの温もりが心地よいと知る人たちだ。

故郷福岡の盛り場で酒を呑む小松の姿を地元の人が度々目撃している。常に多くの人を周囲に連れ添ったという事実は紛れもなく小松の性格が影響している。故郷を愛し、酒を愛し、人を愛した小松の飾らない姿に人々は引き寄せられた。

「小松ちゃんのそばに居ると酒が心に染みる」

地元後援者の感想がすべてを言い表している気がする。

「小松ちゃんの笑い声が酒の絶好のツマミになる」と。

＊＊＊＊

次章から触れる小松政夫の芸能人生を考察するに、彼自身の人生の折々に出会った名優たちとの交遊に触れなければ一方通行な気がした。故に本人の強い要望もあり、高倉健・萩原健一・樹木希林・植木等などとの交遊に触れなければならなかった。

それも男気の生き方を濃密に醸す小松政夫の人柄ゆえだったのは間違いないと考えた。以下の章立てで触れることで本著の本筋を補う喜劇役者小松政夫の全体像がより明確になると考察し、記すことにする。

第三章

高倉健
男の美学を教える立ち姿

高倉健の意外な言葉

健さん（少し親しくさせてもらえるようになって、健さんと呼ばせてもらうようになりました）と最初に会ったのは映画のロケ先ではなく、フジテレビ（東京・港区台場）が河田町（東京・新宿区）にあった頃で、局内外の関係者が忙しく行き交う狭い廊下でした。

小松政夫がまだ「おやじさん」と呼ぶ師匠植木等の付き人兼運転手から独立間近の時期（1968年）である。

「あなたが小松政夫さんですか」

その低い声音は正直、いきなり雷が落ちたような衝撃に感じましたね。

映画で耳馴染みの低いが小松の胸に響く声音の高倉健が立ち止まって声をかけたからだ。人生の出会いであれほど忘れられない記憶はおやじさん（植木等）と高倉健だと語る小松だが、人と人の出会いに人生の新しい幕が開くのをこの後に実感することになる。

緊張したワタシは思わず直立不動になって、「小松政夫です。よろしくお願いします」と一礼すると、思いもよらず親し気な語気が返ってきたのです。

「あなたのことはよく聞いていますよ」

まさか、想像もしなかった話だったので、心臓が鳴るのを聞きながら、高倉健の低音が頭のうえから降ってきたのだけを小松は覚えている。小松は一瞬、ポカンとしたと回想する、まさか、まだ右も左も分からず実績のない新人のことを天下の高倉健が知っているとは到底、思えなかったからだ。そして初対面は以後の付き合いで強く記憶に残るのである。

「実は植木（等）さんと食事をしたとき、話は小松さん、あなたのことばかりでした（笑声）。やっぱ小松は人にない才能があり、意欲があって、第一に人間がイイと熱心に話していました。1時間の食事の際中、話題はあなたについてずっと続きました。なにしろ、植木等と言えば天下一の存在の方なのに羨ましいくらいにあなたを褒めていました」

それだけ言って高倉は廊下を歩いて行ってしまった。小松は嬉しいのは当然だが、高倉を前に恐縮して身を小さくするしかなかったのを忘れないと告白する。

また後日のことだが、名優の鶴田浩二からも、「小松さんのことは聞いているよ」と声をかけてもらったと明かす。このときも植木等が鶴田に小松のことを話したと後日に分かり、小松の植木に対する感謝の念が当然ながら増したと記憶をよみがえらせる。

強い初対面の記憶

「大きい人だな」

健さんとの初対面はとにかく強い印象でした。背丈ばかりではなく、懐の広さというか、包み込まれるような眩しい温もりでした。きっと、あれは天下のスターだけが背負うオーラだと感じました。

ずいぶん大きな人だと感じたのは、人間としての器の大きさで圧倒された記憶が強かったからです。それはガタイの大きさだけではなく、心の深さに圧倒されたのだと間違いなく言えます。まるで、ワタシが広い宇宙を浮遊するのをコントロールされるような不思議な感覚でした。反面、なんだかずっとそばに居たいような、嬉しい気分にさせられた思いが今も消えません。それは恩師植木等に抱いたのと同じような心持ち、つまり、自分の境地を築いた「スター」の放つ居心地の良い時間の流れに漂うふしぎな空気感にありました。

高倉健（本名・小田剛一）は昭和6年（1931）2月16日、福岡県中間市に生まれた。父は旧海軍の軍人で戦後は炭鉱夫の纏め役を行い、母は教員。家は裕福だった。小田（高倉）少年は思いたったら一目散の性向があって、旧制東筑高校でのエピソードとして、一年生のとき、教員を説得してボクシング部を作り（戦績は6勝1敗）、また英語に興味を抱いて九州小倉の米軍司令部の息子と交友を結んで語学力を向上させ、校内にESS部を創設。興味を持つと一気に実現まで諦めない意志の持ち主だったと、今でも校内での小田剛一（高倉健）の名は尊敬の的だ。

福岡県出身の男は地域別に、筑前は物事に拘らずサバサバしている。筑後は活発で活動的に動く。豊前はやや控えめに生きるとか聞くが、人間は千差万別あって個々の生き方が交錯して構成されるから面白い。

高倉と小松は同県人としてばかりではなく、人間として、男同士として交わった事実が徐々に明らかになる。

高倉健の望郷

福岡時代の話をする健さんはほんとうに嬉しそうでした。故郷を愛していると九州弁の端《はし》端《はし》に度々感じましたし、ワタシが同県人という思い入れもあってか、生まれ故郷を愛おしく感じさせてくれて嬉しかったですね。

小松は博多生まれだが、高倉は、「自分は川筋者《かわすじもん》だ」と故郷に誇りを持っていた。川筋出身は男っぽくて気は荒いが一本筋の通った生き方を誇りにする。曲がったことを嫌う男気が特質とも聞く。小松は高倉の持つ「川筋者」の特質に全幅の信頼を寄せることになる。

まさに健さんが東映映画で全盛を誇ったヤクザの役柄そのものですが、素顔の健さんには他人に対する優しさがあって、それが人を惹きつける最大の要因でした。そしてこのワタシも健さんの持つ人間味のある温もりに包まれ、その恩恵を受けた一人です。健さんの温もりは偏《ひとえ》に共演者やスタッフに向ける「気遣い」にありました。特に映画のロケは団体行動が求められます。主役であっても自分勝手を嫌い、スタッフや共演者に対する共同行動が基本スタンスです。その立場をワタシが知る限りでもっとも徹底したのが、健さんでした。

小田剛一（高倉健）の大学時代（明治大学商学部）は父親譲りの長身と鋭い眼差しが男臭く、女性にはモテモテで青春を謳歌した。ヤクザ世界で名を知られた幹部とも顔なじみであり、ある時期には喧嘩を繰り返し、盛り場の渋谷で「明治（大学）の小田」の異名が広まるなど、ある種、自堕落に遊び暮らした。

大学卒業後、就職試験のつもりで受けた東映のオーディションでニューフェイス2期生となり、デビュー（1956年）したが出演映画はどれも不入りだった。『喧嘩社員』『無敵社員』（以上1957年）、『殴り込み艦隊』『大空の無法者』（以上1960年）、『男の血潮がこだまする』（1961年）など多くが評判倒れに終わる。

時代劇全盛（主演は片岡千恵蔵・市川右太衛門・中村錦之助〈萬屋錦之介〉・大川橋蔵等）の東映に所属した高倉は時期到来を待つ。

やがて、東映で映画製作に乗り出した名プロデューサー俊藤浩滋（女優・富司純子の父）との出会いが、俳優としての上昇気流となる。

以後、俊藤浩滋の手による『日本俠客伝』（全11作・1964〜71年）、『網走番外地』（全18作・1965〜72年）、『昭和残俠伝』（全9作・1965〜72年）のシリーズはどれも大当たりで、「健さん」の愛称が国民的に定まった。同時に高い興行成績を上げるドル箱スターの地位を得た証しとなる。

高倉健全盛の始まり

当時（1964〜74年）の健さんの俳優としての勢いは業界の垣根を越えて物凄かった。オーラなんてものじゃない、出会うとまさに眩しいくらいの後光が輝いていました。例えば、人気俳優が地方の舞台に出演する顔見世興行での健さんの人気は別格でした。

映画界には所属する人気俳優を集めて地方の舞台で興行を打つ（行う）慣習があった。通常、世話になる地方の興行主への恩返し（儲けさせる）であり、「花興行」と呼ぶ俳優と観客と興行主が映画を共通のツールとして結び合った、如何にも日本情緒に富む仕来りがあった時代の話である。

東映映画所属の俳優が参加する「東映祭り」でも鶴田浩二、高倉健、若山富三郎、菅原文太、富司純子ら錚々たる顔ぶれで会場はいつも超満員。そしてこうした催しで人気NO1は健さんだったですね。

『三代目襲名』（1974年）で高倉は役柄のモデルとされる田岡一雄（山口組三代目組長）を演じたが、当時の重鎮俳優・鶴田浩二ではなく高倉に決まったのは、田岡本人の希望だった。

誰からも愛される国民的俳優

高倉は世評などに惑わされることなく、ヤクザだろうが誰であろうが関係なく自分が人間として認める存在を信じた。

高倉の内面が画面中央にクローズアップされる演技によって、絶対に曲げないと誓う生来の心意気がスクリーンに反映し、絶大な人気を得る一因になる。観客を己の磁場へ呼び込むのが「スター」だとデビュー前の小松は得心していた。いつか自分もと。

その筋の人にも男気のある健さんは好かれましたね。きっと健さんが若い時分に彼らと交わり、彼らの生き方に接し、理解しようとしたからではないでしょうか。演技の空気感は自然に身内から湧き出るのが本物と聞きました。むろん、健さんがそのような生き方をしたわけではないのは当然のことと強く断っておきますが、若い時代に任侠というような世界の一片に接したからこそ、彼らの生きざまを肌に染み込ませての演技だった気がしてなりません。俳優稼業に人生経験が大切と学んだのは確かです。

高倉健の任侠映画には一つのルーティーン（形式）があり、観客はそれを承知でストーリーにのめり込み、殺気立った臨場感が「売り」の東映映画に拍手を送った。

ところが、役柄の偏向に限界を感じはじめた高倉は、高倉プロモーションを立ち上げる（1970年代初頭）。その意味するところは事実上、東映の専属でなくなることであり、役柄への方向変更を意図するせっぱ詰まった果ての行動だったのである。

この行為に東映の最高幹部（岡田茂社長・当時）が激怒。以後、東映の稼ぎを一変させることになる東映専属俳優総出演で社運を賭けた問題作『仁義なき戦い』（1973年）に菅原文太を主演させ、その後のシリーズへは一切、高倉に声がかからなくなった。

栄枯盛衰とか聞きますが、人間関係は時と共に微妙に変わる。互いの立場が異なってくると考えも変わってくるからです。特に人気と人の出入りの激しい芸能界では人の付き合いに神経を消耗しがちですが、ワタシは植木等といった核になる存在があったので、助けられたと思っています。

その時期の健さんといえば、さらにもう一つ、出世の恩人である俊藤プロデューサーとの先への出演作品の対立があったとの隠された出来事が起きます。

それは1975年公開された『神戸国際ギャング』だ。俊藤が監督に日活ロマンポルノで名を上げる田中登を起用し、モデルとされる暴力団の組長（ボス）を高倉に演じさせた。俊藤は『仁義なき戦い』の主演で人気を高めた菅原文太を共演させ、加えて日活女優との「カラミ（濡れ場シーン）」を話題に利用した。

が、その演出に彼女の顔を隠す注文を出した監督（俊藤も同意）に対し、「女優に失礼だからカット（切り取って）してほしい」と高倉が頼んだものの、そのまま上映され、東映に対する疑惑が表面化する。同時に恩人でもある俊藤に対する高倉の不信が募っていく。

健さんの東映のヤクザ（ギャング）映画への出演はこの作品が一旦、最後になりました。

すでにこの時期、新しい映像世界が健さん自身に見えていたのかもしれません。常に新しい展望を持つ見識をワタシは見習いました。口幅ったい言い様ですが、一つの地点で立ち止まらない行動力をワタシは健さんの歴史を思い返しながら学んだ気がします。人には与えられた天分があってこその人生だと。

俳優人生の分岐点

俳優高倉健がやくざ者と闘う取り合わせは、映画黄金時代の観客の感情を浄化する時代の潮流を背に絶好の要素を誇った。

だが皮肉にもこの不遇時期（１９７０年代初頭）の高倉は、与えられる役柄に以前のように取り組めなくなっていた。

マンネリではなく形式通りのストーリーが窮屈になった役柄からの脱皮だとも言えた。

ワタシは流行ったギャグを捨てる行為を繰り返しましたが、脱皮ではなくて、新しい自分を試してみたい、またはまだ見えぬ喜劇役者小松を見てみたいという欲求が強かったせいかもしれない。自己愛とは違う、喜劇人としての可能性だと思いますがどうでしょうか。

健さんは二番煎じではない映像世界への渇望というか、そこへ脱皮できないもどかしさというか、何か一皮むける自分（役柄的に）を欲していたと傍からは感じます。ただ、人生のめぐり逢いは様々なストーリーを生みますね。健さんが東映から独立後、仲立ちする映画関係者の計らいで俊藤プロデューサーの手による東映映画に主演することになるからです。男同士の交流の絆は生半可でないと思いました。

ワタシにとっては、自分は健さんにはなれないと己の立ち位置を見極めさせてくれた出会いが最高の忠告だと思いました。

高倉健のその作品は組の出入りの身代わりで刑務所から出所した男（高倉）が、横浜の縄張りを背景にしたヤクザ抗争にふたたび巻き込まれ、同時に純朴な若い女（池上季実子）との交流を描き、クロード・チアリの音楽が印象深い1978年6月公開『冬の華』（監督降旗康男）への出演だ。

フランスの人気俳優アラン・ドロンが演じた映画『サムライ』（伊&仏・1967年）の殺し屋を彷彿させる高倉の陰影のある演技が、哀愁を帯びた色彩の国際都市ヨコハマのロケを背景に評判になった。

男気の正体

過去にどんなことがあったとしても頼み込まれれば引き受ける。きっぱり仕事をする。健さんが生涯持ち続けた男気です。ワタシも役者として見習いたいと強く感じたのは当然でした。

困ったら互いに助け合う。「俺には川筋者の血が流れている」の潔さだとワタシには断言できます。健さんはそうした生まれ故郷の血流を生涯、無くさなかった人ですが、男に限らず当然女性にもモテました。その理由は、単に男臭さの外見だけではない確かな証としての心意気であり、内側から発する誰にも心遣いを絶やさない人間性にあったと思います。このことがワタシにとっては健さんからの無言の訓えとなりました。独りよがりを控える芝居とは相手との距離感を意識する一手に集約されると。それが健さんから学んだ「俳優の心配り」のイロハとなりました。

それから2年経ち、一時、実録ヤクザ映画でしのいだ東映は経営がピンチになって高倉にふたたび救援を求める。頼られる存在になった高倉は真正面から受けて立ち、仕事を承諾する。それが俳優高倉健の立ち姿であり、人間高倉健の物事に対する矜持だったと小松は振り返る。

こういうときの健さんは持ち前の男気を発揮するタイプでした。その作品が吉永小百合さんと初共演する『動乱』（監督森谷司郎・1980年1月公開）です。この映画はその年の興行成績で10位を記録しました。健さんの青年将校役はヤクザを演じる凄みとは異なり、圧倒的な九州男児の男臭さが目立ちました。映画『動乱』には本質が硬派のワタシの血も燃え上がりました。同県人の健さんの人間味が嬉しかったです。自分もいつか、周囲の人を慰められる喜劇役者になりたい、と念じ続けた道標が健さんの立ち姿だった。

映画『動乱』は一部「海峡を渡る愛」、二部「雪降り止まず」の二部構成で、昭和日本の動乱期五・一五事件から、二・二六事件まで生きる寡黙な青年将校役を高倉が演じ、その妻を吉永が演じて話題を集める映画になった。

この映画をプロデュースしたのが当時の岡田（茂）東映社長の息子である裕介さんで、実父との世代間のギャップがあったかも。しかしその頃の健さんは自分のまだ見ていない映像での世界を捜していたと思いますね。現状に甘んじないで次を求めて進む。今まで誰にも見せなかった「高倉健という俳優の実像」、そして、「小田剛一という人間性」はそういうふうに進化を求める生き方を最後まで止めずに、一本筋を通す人だったという印象が強いのは当然です。

ワタシが健さんから学んだのは、一度決めた約束事は絶対に守り抜くという姿勢です。これを健さんの立ち居振る舞いを見て感じました。男の心意気をワタシは生涯、大事にしてきたつもりです。それは人生の機微を表現する喜劇人になることだと。その精進の手本がおやじさんであり、ハナ肇さんでした。

当時の高倉は岡田裕介（2020年11月18日没）と意見の食い違うわだかまりが溶けないまま、東映との関係は断ち切れる。以後、1999年の『鉄道員（ぽっぽや）』（監督降旗康男）まで東映製作の映画に出演をしていない。

因みに、この映画『鉄道員（ぽっぽや）』のバック（背景）に流れるのが、『テネシーワルツ』（レッド・スチュアート作詩／ピー・ウィ・キング作曲。アメリカのポピュラー・カントリー曲。1948年発売）。映画入りする前の高倉の思い出の曲であって、愛妻の歌手江利チエミのデビュー曲（1952年）だったのは人間の切れない絆を思わせた。江利チエミが歌唱するこの曲は発売40万枚の大ヒットとなる。

高倉主演映画『駅　STATION』『居酒屋兆治』に出演

ワタシが健さん主演の映画に初めて呼ばれたのは、『駅　STATION』（監督降旗康男・1981年）でした。健さんの幼馴染みで警察官役のワタシは結構、ストーリーを掻き回す役割で、頑張りましたよ。

ロケ地は北海道函館山の天辺に近い場所で、撮影入りからハプニングだったと小松が感慨深げに回想するのはそれだけ記憶に残るからだ。

スタッフ、キャストは一斉出発で現地集合が原則ですが、ワタシは抜け出せない仕事の関係があって3日遅れで函館に到着しました。するとロケバスで空港まで出迎えてくれたプロデューサーが、そのまま直接に撮影場所へ連れて行くと言うのです。
「ちょっと待ってください」とワタシは慌てました。だってそうでしょう、すでに撮影を開始して健さんはカメラの前に立っているのです。いくら、仕事が原因とはいえ主役より遅れてのロケ地入りには俳優としてすくなからず抵抗がありました。内心はロケ現場よりもずっと手前で降りて、歩いて健さんにご挨拶するのが礼儀と思っていました。先輩に対する礼儀はおやじさん（植木等）からの教訓でした。

渋る小松にプロデューサーは、「ちょうど今は食事の時間だし、それに、健さんが会うのを楽しみにしています」と知らされる。映画界の序列は厳しい。そんな垣根を取り払っての高倉の意思だったと知った小松は以後、後輩にも出来得る限りの心配りを忘れないように努めると誓ったという。

この一言には胸が詰まりました。ワタシは共演者の一人なのに、「楽しみにしている」とは、たとえお世辞でも男として、俳優として、嬉しく思い恐縮しました。後になってよく知ると、健さんは決してお世辞を口にする人ではないと分かり、映画で精いっぱい頑張ると覚悟を決めたのです。人付き合いとは信頼感が大事と学んだのは当然のことでした。

この一件は、約40年前のことなのに小松は高倉健の優しさで瞼がふるえるほど感激したのをしっかり覚えている。人の優しさに癒される安堵感を経験したと明かす。

健さんの優しさと言えば、ワタシが舞台に立っていたとき、忘れずに大きな花飾りを送ってくれました。ワタシは正直、一輪一輪に健さんの優しさがあると思い、花が枯れても捨てられないと本気で思ったのです。健さんにはそうした人間としての律儀なところがありました。

映画『駅　STATION』ロケエピソード　健さんの持て成しに大苦戦

このときの函館山ロケのことです。遅れて着いたワタシに、健さんが例の低い声で、「東京から美味いモノを送ってきたので食べませんか」と、結構、大きい塩味の豆大福を一個勧めました。「やっぱ、美味いですよ」と再度勧められてワタシは口に入れました。ワタシは二口で食べました。

それを見た健さんは、ワタシの好物だと勘違いしたらしく、「さあ、もう一個」と差し出します。「やっぱ、塩味は美味い」と健さんはご機嫌でしたので、ワタシは二個目を口に入れて飲み下しました。実はワタシ、甘党ではなかったのです。酒なら結構イケますが、甘いものは大の苦手。あのときの豆大福の塩味は一生、忘れないと思いました。

それ以後の小松は饅頭怖いと一度も豆大福を口にせず、ひそかに、健さんごめんなさい、と苦笑いしたという。

映画『居酒屋兆治』ロケエピソード・1　高倉健の優しさに涙

次に健さんの映画に呼ばれたのは『居酒屋兆治』（監督降旗康男・1983年）で、ロケ地は今回も北海道で港町小樽でした。そしてまたその地で、健さんの言葉に感激することになります。「今度の意気のいい運転手役は小松さんを自分が推薦させてもらいました」との一言です。あっ、と思いました。男心が胸に沁みたからです。

映画『居酒屋兆治』は作家山口瞳の小説が原作。オイルショックで造船所の首切りを命じられた高倉が演じる男（藤野英治）が会社に反発して辞め、北海道の港町に流れて居酒屋を始める。そしてこの居酒屋に集まる客の人生模様が展開するストーリーである。

高倉は寡黙だが人情に篤い居酒屋の主人を控えめながら重厚に演じ、小松は居酒屋常連のタクシー運転手役で画面を賑やかにする役柄。藤野と心ならずも別れた恋人役の大原麗子が切ない女心を妖艶に演じ、向かいの店を営む陽気で歌が上手な役を、今や伝説の歌手ちあきなおみが演じて話題になった。

このときの映画出演では勉強しましたよ、大原麗子さんの恋情表現や、ちあきなおみさんのハチャメチャぶりを。イメージを打ち破るとはこういうことなのだと学んだからです。経験と出会いの大切な時間はワタシを大いに刺激しました。

ところで撮影が大分進んだころ、時間待ちでワタシは健さんと並んで立っていたときのことです。ワタシが競馬場のシーンで予想屋がするような「3番と5番が来る。3と5だ。絶対間違いないよ！」と怒鳴った勢いで、思わず健さんの頭を叩いてしまったことがありました。しまった、と思いましたがすでに手遅れ。周囲がざわつきます。

「申し訳ありません。つい調子に乗りました」とワタシは平身低頭です。ところが健さん、なにも起こらなかったように、「パワーがありますね」と笑って返してくれただけでした。

慌てたスタッフを高倉はただ一言でその場を収めた。それも自分への気遣いだったろうと実感した小松が忘れない一事だ。

映画『居酒屋兆治』ロケエピソード・2　名カメラマンとの再会

この映画『居酒屋兆治』のロケ現場で以前に知り合った思わぬ人物と再会しました。自身の監督作品もあるカメラマンの木村大作（文化功労者・2020年）です。

「よー、大ちゃん、久しぶり！」と懐かしさもあってワタシは叫びました。木村カメラマンの現場での厳しさは業界で広く知れ渡っていたので、さすがに気まずくなって、「気やすく呼んで悪かった」と謝ると、「スタッフの前で大ちゃんは止めてくれよ」と訴える彼に頭を下げました。公私の区別を映画の現場で学んだのは貴重な体験でした。

高倉健主演、倉本聰脚本、降旗康男監督の『駅　STATION』（1981年）も木村大作がカメラワークを担当した。

映画『居酒屋兆治』ロケエピソード・3　共演者に気を遣う

映画ロケ（ロケーション）の現場は撮影が比較的に長くなる。カメラのセッティングや俳優の立ち位置の設定での照明の段取り、天候待ちなどいろいろな要素が整わないと、監督の「ハイ、用意スタート！」は掛からない事情が多くある。

冬の戸外の撮影での待ち時間には大きなドラム缶に薪をくべて、火を燃やして撮影開始の時間まで寒さをしのぎます。小樽ロケの寒さも一通りでなかったです。

「健さん、暖（ぬくもりの意味）をとってください」

撮影開始待ちの時間に助監督が健さんに声をかけました。すると健さんは火元から離れた場所を一歩も動かないで、「彼女を近くへ呼んでやってください」と少し遠慮がちに離れていた女優を指名しました。ワタシはそのとき健さんの心遣いを感じましたね。

もう一つ。健さんはロケ場所がどんなに寒くても衣装のままで、グラウンドコートを絶対に身に付けません。

ロケの途中で気がついたのですが、健さんは前夜に台本を読み込んで役作りを頭に叩き込んで撮影に入っていました。現場で健さんが台本を手にする姿は見ませんでした。健さんは主役ですから、いくら寡黙な役柄が多いと言っても相手役との間合いは台詞を完全に頭に入れておかないと混乱します。

主役に任される重圧を健さんは現場でほとんど見せなかったのには内心、驚きました。その精神力をたとえ、脇役でも持ち合わせないといけないとこの現場で訓えられました。役者が役柄を熟《こな》すとは、撮影中ずっと自分の意思から役柄の存在を絶やさない覚悟と向き合うことと強く感じました。

このときの体験も主役俳優の心意気を感じさせるたたずまいに見え、小松は自分の今後の俳優人生に生かしたいと誓った。

撮影現場での高倉はスタッフと同じにほうじ茶を飲んだ。現場で洒落た飲み物を自ら禁じたのは、「スター気どりするな!」の戒めで、出演者とスタッフは全員が平等という精神が強い。逆に高倉の姿勢の徹底さに小松は映画界の規律を学習したというが、手本としての存在感は高倉にこそ相応しいと小松は胸に収めたという。

映画『居酒屋兆治』ロケエピソード・4　撮影を待つ間は座らない健さん

また、こんなことがありました。ロケ地でカメラのセッティング待ちの時間が、思ったより長くかかり、撮影開始が捗《はかど》らないことがありました。健さんと同じ出番待ちだったワタシも降旗康男監督の、「用意、スタート!」の合図を待っていたのですが、セッティングがなかなか決まらず時間だけが過ぎます。ふと見ると、健さんは日陰でじっと立っています。こうしたとき、健さんは絶対に椅子に座らないのを後で知りました。

ある日、小松の出番がなかったときだ。事情をまだ知らなかった小松は立ちっぱなしの高倉を見かねて、「この椅子をどうぞ」とディレクターズチェアを抱えて近寄った。すると意外な返事を受けて驚いた。

「やっぱ、自分（高倉）のことは構わないでください。自分は今、トレーニングをしているのでちょうどいいです。よかったら小松ちゃんが座ってください」と健さんは言い、けっして腰を下ろしませんでした。

後に小松は高倉が、「スタッフが一生懸命に動いているのだから役者も礼を尽くすのは当然」と言い、撮影中は絶対に椅子に腰かけて待つような姿勢を見せない事実を知る。現場にいる俳優としての姿勢を貫く後ろ姿に小松は男の美学を感じたと話す。

この事実を現場で視認して以来、誰に強制されるでもない自己犠牲も構わない立ち姿こそ健さんのイメージだと確信し、認識が広がったと感じる対応でした。それにしても、断る言い訳が優しいじゃないですか。健さんは決して相手を傷つけるような言葉は言いませんでした。新参者のワタシは改めて健さんの仕事に関わる姿勢をそのとき見直しました。

そして最後に、「小松ちゃん、（心遣いを）ありがとう」と言われて、ワタシは涙がこぼれそうな気がしたのを今も覚えています。

ただこのとき、高倉健の手の甲に黒いシミ（老年性色素斑）があるのを目にして、改めて高倉の年齢（当時52歳）を自覚した。天下のスターも人間だという実感もあったと明かす小松だ。

映画『居酒屋兆治』ロケエピソード・5　健さん、「電線音頭」を踊る

小樽ロケ最後の日。その夜、京都風の割烹旅館を貸し切りにしていた健さんが、共演するワタシと同年の小林稔侍（俳優）や、田中邦衛（俳優、2021年3月24日没）、プロデューサーなどと食事会をすることになりました。和やかに食事が進み、酒も呑みました。もっとも健さんや（小林）稔侍はあまり飲酒しないので酒好きのワタシは控えめにしていました。

一段落したとき、突然、ホントに突然、中腰になった健さんが大声を出しました。
「これから、小松政夫の芸を見る会の始まりです！」

ビックリしたのは当の小松だった。事前に何も聞いていないことで驚いたが、高倉が真面目に小松を指名したのだと気がついたとき、「電線音頭の始まり！」と田中邦衛が開幕を告げるように叫んだ。

それで引っ込みがつかなくなり小松は覚悟を決めた。こうなると小松は恰好を付けるのを嫌う性格で、一度納得すれば一気呵成に自分の持ち場で全力を発揮する性格だったのも、共演者やスタッフに好かれる要因になった（映画スタッフ談）。

健さんは愉快そうにくつろいでいましたので、後には引けませんでした。こうなったらやるより仕方ないです。ワタシは立ち上がり、これが本家本元の電線音頭だと唄い、踊りました。しらけ鳥音頭、動物の形態模写もウケました。健さんはあおむけになり、腹を抱えて笑いこけています。一同、大ウケで、最後は健さんまでいっしょに歌い、踊りました。これはマジな秘話です。あの健さんが素顔になって踊り、笑いこけるあんなに嬉しそうな眼を見たのは前にも後にも初めてで、おそらく近親者しか知らないのでは。

『デンセンマンの電線音頭』はTVのバラエティー番組『みごろ！　たべごろ！　笑いごろ!!』（NET・現テレビ朝日系）で、1976年から1年半、伊東四朗と小松政夫がキャラクターを演じ世間を驚かせたお化け番組。

ベンジャミン伊東（伊東四朗）と、小松与太八左衛門（小松政夫）にプラスして、電線軍団とのスラップスティックな闘いを徹底的にデフォルメした。一世一代の決意を胸に小松はこの番組で時代の寵児へ飛び出すキッカケを掴む。

芸能界でのチャンスは多くない。一度掴みそこねればそれで終わる。必死さと意地が必要なのだ。それを小松は胸に秘めて次の機会に備えた。

独立後に我が道を行く高倉健

作品の選択で俳優（役者）には転機が訪れます。ワタシは前に述べた『みごろ！　たべごろ！　笑いごろ!!』でした。昭和51年（1976）に独立してからの健さんは、大空へはばたくようにスケールのある話題作に連続出演をするようになり、文字どおり、日本映画界を代表する存在に立ちました。それ以降、東映時代にはなかった多彩な役柄を得て演技の幅を広げていくからです。健さんには一本の志を持った人間性を崩さない心意気を感じました。『君よ憤怒の河を渉れ』（1976年）、『八甲田山』（1977年）、『幸福の黄色いハンカチ』（1977年・第1回日本アカデミー最優秀主演男優賞。以後、81、82、2000年に受賞）、『駅　STATION』（1981年）、『夜叉』（1985年）、『あ・うん』（1989年）、『鉄道員（ぽっぽや）』（1999年）。そして遺作となる『あなたへ』（2012年）。

ストイックで人間的に思いやりのある役がピッタリと板につく健さんでしたが、私的に付き合っていたときに垣間見たインテリ健さんこそが、素の顔だったと改めて思います。

ここで、それを証明するジョーク紛いの話を打ち明けます。あるとき、健さんが「小松ちゃん、俺、UFOを見たよ」と突然切り出しました。

「モノホン（本物）ですか？」

「あれは不思議な型をしたものでシガー型じゃなかったかな」

「そうですか？」

「いや、やっぱ、でたらめな英語で会話をしたのを覚えている」

「まさか」

今となってはその真偽は不明ですが、天下の健さんの話なのでワタシの記憶から消えないままで、とにかく不思議な気がしました。この会話で思い出したのですが、誰でも口癖はありますが、健さんは会話でかなりの頻度で、「やっぱ」と口にしたのがとても印象に残ります。やっぱ、口癖は誰にもありますね。

ヒーローは苦境に怯まない

俳優高倉健にとっては興味深い事例がある。観客の精神浄化をする活劇の主人公役を別の角度（和風）から表現したいとの映像作家の欲求で「高倉健」に興味を持ったのが名だたる外国の監督である。

※名匠シドニー・ポラック監督は日本人の義理と人情を高倉に託し、アメリカ人（名優ロバート・ミッチャム）と共演させ、日本のヤクザに誘拐された旧友の娘を救い出す『ザ・ヤクザ』（１９７４年）に、「高倉のシンボリックな和様の人間性」をとキャスティングした。

※活劇の名人リドリー・スコット監督は『ブラック・レイン』（１９８９年）で高倉にオフ

ァーをする。ニューヨーク市警の刑事二人で日本人犯人（松田優作）を護送するが、犯人に逃亡されて市警の一人が殺される。残った刑事（マイケル・ダグラス）を助ける日本の刑事役が高倉で、日米の異なる感性を巧みに演出し、「高倉だからこそ、日本とアメリカの人情の違和感と空気感を出せた」とスコット監督は語る。

※中国映画界の巨匠チャン・イーモウ監督は『単騎、千里を走る。』（２００６年）で心優しく勇気を持つ男の役での高倉健の登用は、「高倉でなければ、この映画は成立しなかった」と述べ、「彼の存在がこのフィルム（本編）の核になった」と明かす。

健さんの海外の監督たちを唸らせる男の、そして俳優としての存在感は、俳優高倉健の金字塔になったのは言うまでもないです。健さんは英語が上手でしたので、早い時期（東映時代）から眼は海外へも向いていたと思います。だから外国映画の出演依頼にも積極的でした。外国の超一流スターと向き合ってすこしも引けをとらなかったのも、語学力にプラスして俳優としてのプライドがあったからではないでしょうか。何しろ高校時代に校内にＥＳＳ部創設（既述）を直訴したくらいでしたからね、あるいはきっと自分の将来を見ていたのかも知れない、健さんのことですから。

さて、ここらで健さんが愛した江利チエミさんについて少し話すのは、健さんの実像が分かるのではないかと思うからです。

惚れた女は「あのひと」だけ

高倉が歌手江利チエミと結婚したのは1959年2月16日で、場所は東京・帝国ホテル。その日は高倉の28回目の誕生日だったが、これはチエミの願いを叶えた経緯があった。二人のなれそめは、巷間伝えられるところで、高倉がチエミと初めて共演した『恐怖の空中殺人』(東映・1956年)が端緒になった。最初は高倉がチエミに惚れた。当時(1950年代)は映画館で歌手のステージショーがあって、まだ時間の余裕があった高倉はチエミのコンサートが終わる時間を見図るように楽屋に現れる。

健さんは堂々としていました。劇場の裏口で、「高倉健です。江利チエミさんに会いに来ました」と名乗ったのです。いかにも剛毅な健さんらしい行動です。ワタシもカミさんと知り合ったとき、正面から思い切って気持ちを打ち明けました。駄目ならそれはそれでと。でも一世一代の勇気を奮いました(笑)。

健さんは心底、チエミさんが好きだったようです。あまり、そのことに関して口を開かなかったですが、チエミさんは健さんをダーリンと呼び、健さんはノニと呼んでいました。「こうすればいいノニ」と会話の語尾に「のに」と口にするチエミさんを見て付けたらしいです。

大親友のひばりもチエミを「ノニ」と呼んだ。そして滅多なことでは芸能人の結婚式に出ないひばりが、高倉とチエミの結婚式に母親と出席したその直後、雑誌の対談で初めて顔を合わせた小林旭と運命的に恋に落ちたのも、高倉とチエミの結婚式の余韻が強く働いたとひばりの身内が明かす。

ひばりは「お嬢」と呼ばれる。楽屋で冗談ばかり口にするので、「お冗《じょう》」と呼ばれるようになったと雪村いづみがTV番組で話したのを聴いたが、「お嬢さん」の意味が正確だろう。

ところが健さんとチエミさんの結婚生活はおよそ12年余で終わります。出産に関する拘りもあったと噂で聞きますが真偽は定かでありません。二人の離婚発表は1971年9月3日、別々に行われました。

チエミさんはその席で、「ダーリンにこれ以上は迷惑をかけられない」と告白しました。

「迷惑」とは、チエミさんの異父姉と自称する汲田よ志子が公正証書原本不実記載等、有印私文書並びに有価証券偽造、同行使の容疑で刑事告訴され（1971年12月）、さらに詐欺罪も露見し、東京地検が起訴した（1972年4月）事件でした。

よ志子の迷惑とはチエミの公演料や宝石類を詐取した（当時の貨幣価値で総額約3億円、現在で約20億円超〈森功『高倉健　七つの顔を隠し続けた男』講談社〉）事件を指す。そのことがチエミの高倉を愛するゆえの申し訳なさとなったという。

火事現場の記憶

もっとも、別の見方もある、二人は豪邸（東京・世田谷）の火災（1970年1月）で都内のホテル暮らしを余儀なくされ、別居状態が続いた日々で不協和音の噂が飛び交い、ハワイ逃避や高倉に女の噂が立った。

チエミの自称異父姉による巨額の詐欺事件（既述）に襲われたチエミは、高倉の不興を極力恐れた。それほど高倉を愛していた。高倉も離婚はしたくなかったと伝えられる。

まったく今もって前後の記憶はないのですが、実はワタシ、健さんとチエミさんの自宅が火事で全焼したとき、現場に居ました。何故、どうしてその場に自分がいるのかは今になってもまったく覚えていません。

フジテレビの旧社屋の廊下（前述）でご挨拶をして以来、仕事でお会いしたことはなかったのですからふしぎでなりません。眼に見えない糸に操られた感覚としか言えないのが残念ですが。

ただ、今振り返ると、当時、新宿に住んでいたワタシはクルマを運転して、とにかく現場に駆けつけて何かお手伝いをしなければと止むに止まれず駆けつけたと思います。眼に見えない何かに引き寄せられたというか、そんなふしぎな記憶しかありません。今、確かに覚えているのは、炎上する自宅を呆然と見るチエミさんの肩を健さんが抱いて立つ後ろ姿でした。不謹慎ですが、その後ろ姿は映画のワンシーンのように見えたことだけを鮮やかに覚えているのです。

しかし火事現場で小松には何も手伝いは出来なかった。高倉健の男気が若輩（その当時28歳）の小松を呼び寄せたといえるかも知れないが、ふしぎな巡り合わせだった。

頑張ってくれて、ありがとう

ワタシが知っている限りで健さんが酒類を口にするのは見たことがないです。ロケ先で健さんは決まって気に入ったコーヒー店を貸し切りにして休憩所代わりにしました。気どりもなく、飲酒の代わりにコーヒーを味わう健さんもまた、雰囲気がありました。

北海道ロケのある日、出演者やスタッフなど大勢で食事をした帰り、例によって決めてあるコーヒー店に立ち寄ったときでした。

突然、コーヒーを嗜《たしな》む健さんをプロのカメラマンが撮影しようとしたので、ワタシは必死にそのカメラマンの前に突っ立ち、怒鳴りました。

「プライベートな写真はダメ。禁止、禁止!」

ところがカメラマンは意外にも「話が違う」というような表情をして、シャッターを切り続けます。ワタシは無視されたと勘違いし、依怙地になってカメラの前で健さんをレンズから防ぐように立ちはだかりました。健さんはにこやかな表情をワタシに向けたままでした。

「あれ?」(どうも雰囲気が違う)

どうも様子が違うと小松が悟ったのはその直後のことで、高倉の平然とした表情を見て、勝手が違う感じだと分かった。実はそのカメラマンとは高倉が心を許した間柄で、プライベートなカット写真の撮影を許していたと直後に分かり、小松は怒鳴った行為の行き場を失い、赤面した。

「健さん、何も知らなくて出しゃばり、申し訳ありません」と深く頭を下げました。すると健さんはワタシの耳元でこう言ったのです。

「頑張ってくれて、ありがとう」

誰にもすぐに言える言葉ではない。心の広い健さんだからこそとワタシは感心しました。

身内の不祥事に悩んだ江利チエミ

稀代のジャズ歌手江利チエミは生前、身に覚えのない異父姉の莫大な借金（前述）を完済したが、すでにその頃、酒を愛する彼女は毎晩ウイスキーを牛乳で割って飲む習慣を欠かさなくなっていた。呑めば悩み事は忘れられると。だが酒量は日々、過剰となってチエミの肉体を蝕み、悲劇へと繋がる。

巷間、「高倉は酒が呑めない」と伝えられるが実は呑める体質だ。ただ、学生時代に呑むとモノを壊したことがあって叱責されたという風聞があって以来、潔癖な高倉は酒席から遠ざかったと伝わるが真偽は不明だ。

健さんが、ワタシに自分（高倉）に構わず呑んでくださいと言い続けた一つの理由は、このような若い時代の記憶が決め事としてあったからのようです。二度と同じ過ちを犯さないと。それほどに自分に厳しいというか、依怙地なまでに一度決めた約束事を崩さない覚悟の強さの持ち主でした。その潔さが人徳になったとワタシは学んだ気がしました。

ジャズ・歌謡曲・ミュージカルナンバーの日本語バージョン・民謡など数々のヒット曲を世に放ち、映画・TVや舞台でのコミカルな演技に加えて、精確なリズム感、圧倒的な声量での哀愁を漂わす歌唱力で人気を不動にした江利チエミは、高倉健と並ぶ昭和の大スター石原裕次郎と二度共演している。

最初はミュージカルコメディー映画『ジャズ娘誕生』（監督春原政久・日活・1957年）。チエミは油行商一家の歌好き娘を演じ、旅先で太陽族風の若者（石原裕次郎）と知り合う演技をする。劇中でダンスを踊り、デュエットをする。

二度目は『銀座の恋の物語』（監督蔵原惟繕・日活・1962年）。なお、その5年前の1

957年の大晦日、裕次郎は育ての親の水の江滝子が司会を務める「第8回NHK紅白歌合戦」にチエミを応援する形で舞台に上がっている。

江利チエミさんは昭和に生き、昭和を唄い継ぎ、昭和を代表する高倉健と石原裕次郎との人生模様を紡《つむ》いで逝きました。1982年2月13日。牛乳割りの酒を喉に詰まらせ、チエミさんは孤影のなかで亡くなりました。享年45。心不全と聞いています。

いつだったか、ワタシはチエミさんとの仕事の帰りに一緒に酒を呑んだことがあります。綺麗な呑み方をする人でしたが奇妙なことを覚えています。それはチエミさんから栄養ドリンク（ビタミンB1誘導体が薬の主成分）の匂いがしたことです。飲酒中に薬は飲まなかったので、その前に服用したのかも知れません。ワタシにそれが何のためにかは見当がつきませんが、酒に酔うというよりか酒に酔いたいって感じで、それが健さんのせいだったかはわかりません。ただ、チエミさんが健さんを心底、愛していたのは間違いないと断言できます。

チエミの家族葬儀・出棺（1982年2月16日）に高倉の姿はなかった。けれども高倉はチエミが家族と眠る墓を事前に買ってあり、水子の墓碑も建てた。その後、月命日の夕方、人目を忍ぶように墓標に手を合わせる高倉の姿があった、という伝説も生まれた。

チエミの親友美空ひばりは、「美空ひばりには神が付いているが、加藤和枝（ひばりの本名）には神がいない」と言った。晩年のチエミの孤独のなかでの飲酒を知るひばりには、「お互い、寂しさを紛らわせてくれるのは、お酒だね」と慰め合った秘話がある。

華やかな表の顔とプライベートの裏の顔は異なります。時代を駆け抜けたひばりさんとチエミさんは、「自分（の才能）を信じるしかない」との孤独を抱えて酒に頼る姿が似通っても見える気がします。それが、私生活を投げ捨てる覚悟が必要というトップランナーとしての人生模様が似通って見えるのは偶然でない気がしました。

ワタシはトップランナーではありませんでしたが、気持ちはいつも先頭でゴールのテープを切りたいと胸に刻んでいました。

それが喜劇人としての誇りを保てる第一歩と信じて生きてきました。これだけは譲れないと念じてきましたから。それがワタシの喜劇役者としての支えでした。

ひばりとチエミとで「三人娘シリーズ」（映画は『ジャンケン娘』1955～64年）として映画やステージで共演した雪村いづみは、「ひばりちゃんは百年に一度の天才、チエミちゃんは百年に一人の親友」と話す。

共演女優が惚れる理由

健さんは女性にとにかく優しかった。映画のロケ中も共演する女優さんに自分のことを差し置いて細かく気を遣っていました。男気があって、優しくて、細かい配慮がある。こんな男性がオンナにモテないはずがありません。だから共演する女優との噂が幾度も流れたのでしょうね。

もっとも、「健さんは結構、女好き」との噂もある。熟した女性より、可憐な感じが好みとの関係者の証言も飛ぶ。元アイドル歌手出身者とは札幌の高級寿司店を貸し切り、口説いたとの伝聞がある。

大半はゴシップの類《たぐい》でしたが、女優のほうが一方的に気持ちを傾けたようです。男のワタシだって惚れましたから。まったく見当違いに、健さんは男色だとか酷《ひど》い噂が立ったこともありましたが、あれほど快く気配りができて、ハートウォーミングな人間なら男女の区別なく、一人の人間として憧れるのは当然でした。人に優しく接すれば優しく返してくれると信じるからです。たとえ、裏切られてもワタシは腹を立てますがその相手は恨みません。二度と付き合おうとは思いませんが、相手から再び親しくしてくれれば拒むことはしません。それが縁で親友になった相手もいます。過去、何度かやった喧嘩にしても同じです。ワタシ自身は短気で喧嘩早いのは承知していますが（大笑い）。長く恨んだりはしない性格なのです。念のため（ふたたび大笑い）。

高倉の父親（敏郎）は偉丈夫（身長180cm超、体重100kg）で相撲が強かった。高倉の身体の大きさは父親譲りだが、信仰心は母親（タカノ）から教えられた。タカノは教員だった。

兄と妹二人の四人兄妹で育った高倉は母親から厳しく躾けられたが、むしろそれが嬉しくて、母の傍にいた時期があり、母を心から愛した。

映画出演には決して前向きでなかったとも伝えられる母タカノを、なんとか安心させてやりたい。それ一心で高倉は映画出演を熟《こな》した。

胸にはいつも笑顔の母を描いていたに違いないとは第三者の推測だが、あながち、見当はずれでない気がするのは仕方ない。本人の証言などからも窺えるように高倉は母を心から愛したのだ。

あなたに褒められたくて

身内の話には寡黙勝ちの健さんでした。でも、お母さんの話はごくたまに聞いたことがあります。母親のことを口にする健さんは声のトーンも気のせいか高く、早口になってすごくうれしそうに、「おふくろにはいつも心配ばかりさせている」とそればかりでした。おふくろさんは礼儀にひどく厳しい人だったらしいのですが、厳しく叱る母のそばにいられる幸せを健さんは懐かしんでいた気がします。ワタシも母親が大好きだったので、母思いの健さんを誇らしく思いました。

高倉の母親タカノは90歳で世を去ったが（1989年7月）、母への想いは半端でなく、俳優として遺作となる『あなたへ』（監督降旗康男・2012年）は、東北の刑務所指導教務官役だった。

この映画が高倉の母親への鎮魂だったと思えるのは、ストーリーが高倉演じる指導教務官が亡くなった妻の「散骨は古里の海へ」の手紙を読み、キャンピングカーで長崎へ向かうロードムービーが、高倉にとっての母へのミサ（鎮魂歌）といわれるからである。

『あなたへ』は『単騎、千里を走る。』（2006年）以来、6年ぶりの作品となる。しかし、高倉は母の告別式のとき、『あ・うん』（監督降旗康男）の撮影中で参列できなかった。

母思いの健さんにはどんなに辛い瞬間だったたか。母の旅立ちを見送りたい。「あなたがいたから、あなたがいてくれたから自分がいる」と心で念じるしかそのときの健さんには叶わなかった。そのように大スターの心の内を推測するしかできないワタシですが、主役が現場を離れれば大勢の撮影スタッフ・共演者らとの日程に支障が出る。それで健さんは忍耐したのでした。仮にワタシ自身だったらどうしたろうかと、その心情を推し量ると胸が詰まります。

高倉は最愛の母の告別式に出席できなかったが、母を思う心情を自著に記している。

『お母さん、僕はあなたに褒められたくて、ただ、それだけで、あなたがいやがっていた背中に刺青《ホリモノ》を描《い》れて、返り血を浴びて、さいはての「網走番外地」、「幸福《しあわせ》の黄色いハンカチ」の夕張炭鉱、雪の「八甲田山」。北極、南極、アラスカ、アフリカまで、三十数年駆け続けてこれました』（原文のまま）』（高倉健『あなたに褒められたくて』集英社）と締めくくりに綴る。

「母は男の最初のガールフレンド」という言葉がよみがえる。

「あなたに褒められたくて」。もちろん、この場合の「あなた」は健さんの母・小田タカノさん。こっちの胸に沁み込むような低い声の健さんの、「あなたに褒められたくて」なんて言葉を耳にすると、つくづく母の愛は偉大だと思います。健さんにとっての最愛の人は「やっぱ、母のタカノさんだった」と。ワタシも母は最愛の存在でしたから、その心情は手にとるようです。

たった一人に見送られる昭和・平成の大スター

俳優高倉健の最後の仕事は、「伝統にんにく卵黄」のコマーシャル撮影（2014年3月放映開始）だった。ところが高倉はこのとき悪性リンパ腫を患っていた。人生は異なものと思わせる。

圧倒的なパワーで観客を魅了し、共演者のワタシらをリードして「生きる伝説とされた」健さんの死出の旅立ちは2014年11月10日。見送った「近親者」はたった一人だったと聞いています。

高倉が死ぬ1年半ほど前に養子縁組みされた小田貴月《おだたか》だが、十数年同居して養女としてよりも、「高倉の妻」として一緒に住んだといった情報しか洩れない。むしろ存在が明確でない部分もある。

妙なことに高倉の親族は彼女の存在を知らなかった。高倉の本名は「小田剛一」で、親しい関係者は「ごうちゃん」と呼ぶことが多い。高倉当人もそれを聞き入れていた。だが戸籍上の近親者らが知る本名は、「小田のたけちゃん」である。なぜかと言うと「たけいち」と読むのが本当だからだ。

にもかかわらず、小田貴月の入籍申請書類のルビは、「おだたけいち」ではなく、「おだごういち」と載る。まさか自分の本名を間違えるとは考えにくいが申請書類はそのままに通っている。この謎は残ったままである。

「おだ、たか（小田貴月）？」

ワタシは会ったことないから、まったく知りませんね。健さんから聞いたこともないです。そう言えば、ワタシはかつてクルマ販売に関する仕事をしていたので、健さんが所有した多くのクルマはどうなったのか。余計なことですが、ワタシとしてはそちらのほうがちょっと気になります。

生前の高倉はクルマ（外国車）の所有を趣味にした。気に入っていたのはポルシェ356カブリオレと伝えられる。最後はメルセデスベンツ3台とポルシェ2台で専門家筋は概算合計で4000万円の市場価値があるという。

謎ゆえに伝説を残す男

伝説の男は死してなお、この世に謎を刻印して飛び立った。

当の本人は、「いいじゃないか、そんなことは」と苦笑いしているかも知れない。にしても、高倉健が心底、愛したのはどう見ても江利チエミだった気がしてならない。チエミの出棺の日は奇しくも高倉の誕生日であり、二人の結婚式も高倉の誕生日。結婚式の日取りはチエミの懇願だったたが、チエミは心底高倉健のために生き、愛したと分かる。

ワタシもそう思います。健さんには濃い情があって一途でしたから。ノニと呼び、ダーリンと返される仲。きっと今は天国でそう呼びあっていますね。

「だって健さんは私でなければだめなのよ」

あのちょっと甘いチエミさんの声が聞こえてくる気がして、

「やっぱそうかも」と少し照れ笑いする健さんがよみがえりますが、そんな健さんと真逆が
萩原健一との付き合いでした。

第四章

萩原健一
破天荒さと自意識の狭間で

本番中に喧嘩勃発

人生は様々だ。TV『前略おふくろ様』（NTV系）での小松と萩原健一の一件は強烈で、撮影中一触即発の本気の喧嘩だったというから穏やかではない。

午前の料理場での撮影中、「あっちゃぁ～、やばいスよ」の萩原の台詞が終わる寸前、「ありゃ、あ、あ」と立板（料理人）役のワタシが叫んだのが発端でした。すると、同じ料亭のセットにいた萩原が怒鳴ったのです。「誰だ⁉　本番で台詞にない素っ頓狂な声を出したのは。どいつだよ！」

当然、セットがあるスタジオにピーンと緊張が走りました。

「どいつだ！　出てこい！　容赦しねえからな」

萩原の怒声と罵声が甲高くシーンと静まったスタジオに響いたので、一気に剣呑な空気が広がったわけです。

「オレだよ」ワタシは一歩前に出て名乗り出ました。声を発したのはワタシだから当然でしたが、萩原は一瞬、露骨にイヤな顔をしました。

TV『前略おふくろ様』の舞台は東京・下町（深川）の料亭「分田上（第1シリーズ）」と、料亭「川波（第2シリーズ）」で、脚本家・倉本聰が原案のさまざまな人間模様に翻弄されつつ、一人前の板前を目指す片島三郎（萩原健一）のグローイングアップ（成長）ドラマで、高い視聴率を獲得した。

第1シリーズは（NTV系・1975年10月17日〜76年4月9日）、第2シリーズは（NTV系・1976年10月15日〜77年4月1日）に放映され、本音を言い切れない照れ屋の三郎（萩原）が心の内をナレーションにする斬新な手法と、個性豊かな配役陣が演技を競い、ドラマの新しい方向性が評価された。

実はワタシ、原作・脚本の倉本（聰）先生から、「火を強くして煮えたぎるアップ中心の板場（調理場）のシーンは小松に任せる」と言われたので結構頑張りました。「（板場のシーンは）戦場だからそのつもりで」とも発破をかけられたので、神経を尖らしてもいて、役者としての意識を駆り立てやる気満々で現場に挑みました。元来、発破をかけられると、なにくそと頑張るのがワタシの性癖でした。倉本先生はそれを見抜いてワタシのやる気を刺激したのかも知れませんが。

ＴＶドラマは「数字（視聴率）第一」ですから、ある程度は無理をしても数字を獲得する方法論を最優先します。台本通りに進行しないケースもあるので、脇の役者は必死になって自分の立場を演じ、主役を引き立てるわけで、これが基本です。ワタシは相手役との距離感、要するに相手役との台詞の間合いに集中するタイプで、タイミングを見逃すなと心がけました。

そこは主役を生かすも殺すも助演者次第というところもあるというのが、共演する俳優だれもの矜持で小松も同様だ。

だからって、現場で主役が何をしても構わないことは当然、ないわけで（これは萩原がこのドラマのナレーションでの口癖ですが）。萩原との諍《いさか》いは演技とは関係のないところで起きたので、互いの感情が熱くなり、売り言葉に買い言葉になったと思います。もっともワタシはすごく冷静でした。それで逃げたりはしませんでしたよ。ワタシの性格上、自分が間違っていないと思えば絶対に引かないタイプで、都合よく妥協できませんでした。それで誤解される経験もしました。でも自分を誤魔化してまで欲張るといった行動は割り切れない性格で、そのまま突っ走ってしまう性分。損な役割でしたが仕方ない。自分を誤魔化してまで突っ走るのができないのです。

柔軟性の問題ともいえるが、一本気の小松にはできない相談だった。TV『前略おふくろ様』のドラマに出演時、32歳の小松の役柄は威勢がよくて偉そうに振る舞うが小心でずる賢い、料亭「分田上」の向こう板（立板）で三郎の先輩格という設定。軽妙でありながら裏表ある役を洒脱に演じて好評を得て、第2シリーズにも萩原健一、梅宮辰夫、桃井かおり等と連続出演する。小松が個性派俳優としての存在感を増したのは、この『前略おふくろ様』の時期からで、やっと見つけた役柄だった、と小松は述懐する。

萩原健一との諍いの顚末

さっきの話（本番中の口喧嘩）のつづきですが、ワタシが名乗りでると、「本番中に何しやがる。ホン（台本）にないことを。あんた（小松のこと）、それでも何か文句あるか」「ねえよ。だけど主役の演技が危なっかしくて見ていられねえから、思わず声を出しちまったのだ」。問題の場面と言うのは、片島三郎（萩原健一が演じる修業中の板前）が包丁を使う場面で、その手つきが危なくて指を切りそうだった。それが少し離れた場所で演技するワタシの眼に飛び込んで見えたので、本能的に、「ありゃ、あ、（危ない）」って思わず口から出たのでした。

スタジオから出て楽屋のカギが吊ってある楽屋盤の前で、ワタシと萩原は向かい合って、にらみ合いになりました。

「お前のせいで」と萩原が怒鳴るので、「それがどうした」と言い返しました。「余計なことしやがる」と萩原が食ってかかるので、ついにこっちも頭に血がのぼってしまい、「やるか、この野郎！」と言い返していました。そして、「外へ出ろ！」と応じたのも若気の至りで、ワタシは萩原へ詰め寄りました。

これからどうなるのかの咄嗟の判断はありませんでした。

ただこのままでは収まりが付かないと思ったわけで。博多生まれで生まれつき血の気は人一倍多いワタシなので、一度火が付いたらトコトン突っ走る性格で止まりません。

「話を付けよう！」

ワタシの呼びかけに萩原は黙ってにらんでいました。しばらく無言でしたが、明らかに逃げ腰でした。ところがこの後、予想外の展開となりました。萩原が自分の楽屋に入ったまま出てこなくなってしまい、その日のスタジオは大騒ぎです。拍子ぬけするというか、くたびれるというか。いつもの何倍も疲れました。

このとき小松は萩原が楽屋から出てくるのを1時間も待つ羽目になる。周囲は緊張感に包まれて誰もが無言で成り行きを見守った。まさに役者魂のガチンコ勝負模様で、小松は納得しなければ一歩も後ずさりしない覚悟だったと振り返る。主役と争っても何も得をしないと分かっていたが、突っ走る向こうっ気が小松の役者根性を支えたと見るのが現実だ。損得の勘定を小松は嫌う性格なのだ。

昼の休憩が終わっても萩原は自分の楽屋から出てきません。スタジオに姿を見せたのは2時間経ってのことでした。

ワタシが所属する会社（現在の株式会社渡辺プロダクション・芸能事務所など12社と1財団を統括する持株会社）のお偉いさんが、「小松ちゃん、主役を脅かしてどうするの」というわけです。多くの関係者に迷惑がかかると思い、その場を収める気になった次第でワタシも若かった（苦笑）。

喧嘩異聞

ケンカと言えばこんなこともありました。ずいぶん、昔の話ですが、所属する事務所（渡辺プロダクション）の新年会でしたね。

所属の歌手・俳優・タレントが渡辺晋社長（当時）と順番に挨拶をする決まりだが、所属人数が多いので遅れてきた歌手・俳優・タレントはかなりの時間待ちとなるのが恒例となった。

ワタシの前は内田裕也と安岡力也で、すでに酒が入っている様子で、待つ時間が長くなるのにつれて声高に騒ぎ出しました。

「静かにしろよ」とワタシが一言告げると、「何だ。黙っていろ！」と二人がワタシをにらんできました。何しろ内田も安岡も身体が大きい上に強面《こわもて》なので誰も注意をできなかったのです。

「もう少しおとなしくできないのか」とワタシが注意すると、安岡が、「野郎、表へ出ろ！」

と突っかけてきました。「分かった」とワタシは言うや、靴を脱ぎ、安岡の足首を思い切り殴りつけました。先手必勝。喧嘩上手と言うわけではないですが、革靴の踵の部分は堅牢なので、それを武器にすると効果があるのをワタシは体験して知っていました。

さすがの安岡力也も悲鳴を上げて床に倒れて七転八倒。内田はいつの間にかその場から姿を消していた、という。喧嘩上等と見栄を切らないまでも小松は自ら逃げる行為を嫌ったと話す。短気は損気と知りつつそれで誤解をされても仕方ないと小松は明かす。

制作過程が成功のヒミツ

『前略おふくろ様』の話に戻ります（笑い）。このドラマの成り立ちが前代未聞だったせいかもしれないですが話題には事欠かなかったです。常識的にはTV局が主役俳優を指定して日程を組む。小説や漫画の原作からの台本は、脚本家がだいたい主役のイメージに合わせて創作し進行することが多いです。

ところが、『前略おふくろ様』は俳優が脚本家を指定して役柄が決まり、ストーリーが展開していく過程を踏んだので異例といえば異例。主役俳優は萩原、脚本家は倉本（聰）先生の関わりが発端と聞きました。

TV『前略おふくろ様』のドラマ化の過程は通常とは違って展開した。出演依頼を局側から受けた萩原からは、「脚本は倉本聰作品でなければ受けない」との条件付きで、後に、萩原が事前に倉本を個人的に訪ね、自分が演じる役柄を十全に話し合っていた事実が明らかになる。

萩原は従来のアウトローが主人公のピカレスクロマン（悪漢小説）的なストーリーからの脱却を念願していた時期である。

萩原が倉本の元を訪ねたのは音楽活動から俳優業に転じ、映画『約束』（監督斎藤耕一・1972年）で刑事に追われる強盗犯を、女囚役の国際女優岸恵子を相手に鮮烈に演じた後のこと。

明日が見えない男と女の切ない物語はフランス映画のような渇いたムードに溢れ、高い評価を得て、萩原が俳優として注目を浴びるキッカケになった。小松もその映画を評価していた。

萩原はその映画の印象深い演技で石原プロ制作TV『太陽にほえろ!』（NTV系・19

72年7月〜）に抜擢され、飛躍するキッカケを掴みました。逃亡する悪党をやみくもに突っ走って追い詰めるマカロニ刑事（1972〜73年）という破天荒な役を得るからでしたね。

『太陽にほえろ！』で萩原の役者としての評価は高まり、視聴率も上昇した。しかし萩原は、通り魔に刺されて入院する脚本（1973年）に乗じて制作者側からのドラマ復帰案を拒んだ。異例ともいえる事態に関係者は翻弄される。萩原の考えはあったにしても、出演中の役を自ら降りるといった態度は小松にはわがままに映った。ドラマの制作はスタッフとキャストの集合体で完成する。一人の役者の行為が多くの迷惑を生む。小松がもっとも嫌い、憎む行為だった。

萩原の意欲がドラマを動かす

「マカロニ（刑事）のイメージを払拭したい」と萩原から降板を申し込み、視聴者が熱望するストーリーとは真逆の最終シーンで殉職する設定は常識を破るアイデアとして皮肉にも話題を集めました（この脚本の過程は後任の松田優作演じるジーパン刑事以後も踏襲）。常識外れの展開でした。

ワタシはその話の過程を詳しく知りませんが、どっちにしても一人の異端が全体に影響する行動は許されないです。ワタシはおやじさん（植木等）が睡眠時間を削って仕事の現場に迷惑を掛けまいと頑張った姿を見ているので、役者のわがままは絶対に許されないと思うのです。

さらに噂される降板理由の一つは、「セックスシーン禁止」に対する萩原の抵抗感がある。「不自然だ」とする不満があったという。いかにも萩原の生きざまの個性を象徴する業界話だ。似た話を渡哲也が語っている。

「スターだから、女抱いちゃいけないみたいなのがありますね。ボクは、もっと人間臭いものをやりたいんです。人間は非常にエゴで汚いもんですよ（以下略）」（『シネアルバムシリーズ渡哲也特集・さすらいの詩』芳賀書店）。渡の真骨頂は「無頼」シリーズ（1968～69年・全6作）の殺気立つ人斬り五郎ではないか。萩原の意見と渡の話が微妙に触れ合っているとも思えるが、小松は仕事に忠実に準じる姿勢は貫きたいと打ち明けた。俳優の考えはさまざまあって当然だが。

萩原は役柄が固定化するのを拒んだとワタシは判断します。もっと言えば、俳優としての直観から恐れたのだろうと思います。その心理は理解できる気がしましたが、同じ俳優としての立場から言わせてもらうと、ワタシにはできません。俳優・役者はそうしたマンネリとの闘いの繰り返しから避けられない業種と信じるのです。

望まれれば受けるのがワタシらの仕事と割り切らなければ生活がありますし。ワタシのことを言わせてもらうと、１９７０年代から80年代にかけて、その時代の流行語になるギャグを多く持ちましたが、それらを必要以上に長く使わず、ある時期にパッと止めたのは、マンネリは俳優に限らず喜劇役者としても赤信号と気づいたからです。「潔さ」と言葉にしたらキザに聞こえるでしょうが、ワタシは他人に何を言われようがこのことは曲げませんでした。非難されても構わない覚悟を持っていたからで、人間は「決めた」と一度覚悟を決めると案外に楽になって前が見えてくると信じるからでもありました。

『太陽にほえろ！』以降、やがて萩原は、日テレアウトロー路線（NTV系・土曜日22時）の第2弾ドラマで、凄惨な青春ドラマと評される常識破りの『傷だらけの天使』（NTV系・1974年10月5日〜75年3月29日）に主演して注目を浴びる。

そのキャリアが俳優として転機へ向かう予兆となるからだ。萩原が演じるアンチヒーロー的な調査会社の調査員・木暮修役は、今でも話題のオープニングの秀逸な映像（監督恩地日出夫、撮影木村大作）や、萩原自ら提案のアウトロー的な演技のアイデア、毎回の奇抜なアドリブが若い世代の鬱積を飛散させるように画面で躍動し喝采を集めた。小松はその時代の萩原を別世界の存在と見ていたと話す。

脚本は市川森一、柴英三郎、鎌田敏夫。監督には深作欣二、恩地日出夫、工藤栄一、神代辰巳など、今思えば錚々たる実力者が参加していましたから話題になったのは当然でした。また、バディ（相棒）役の乾亨を演じた新人の水谷豊は俳優として評価を挙げるキッカケを摑むわけです。萩原は後に、「（無頼派俳優と称される）火野正平の予定だったが日程の都合で水谷になった」と明かしますが、実績のなかった水谷はこのドラマ出演で飛躍しましたね。

TV『傷だらけの天使』で初共演

実は俳優として小松、TV『傷だらけの天使』に出演している。

これが小松と萩原が共演した端緒である。

ロケ先で最初に会ったとき、「小松ちゃん、よろしく」と萩原から声をかけてきたので、

「オレは主役じゃないから」と返すと、「面白いこと言うね」と萩原が返したのが印象にあります。

萩原の木暮と、水谷豊の助手（亨）と3人で敵が来るのを待つシーンでのことでした。監督が「適当にバカ話をしていて」との指示で、萩原がワタシに「何かないか」と話を振るので、「今年の紅白（歌合戦・NHK）の大トリ（最後の最後に唄う歌手）は誰が出るのかな」と返したところ、「それは可笑しいや！」と萩原が本気で笑ってしまったことがありました。このときの萩原の笑顔をふしぎと忘れません。

それ以前、萩原は水谷豊をTV『傷だらけの天使』への出演に推薦する。初共演した『太陽にほえろ！』で、「（水谷は）真面目で誠実に仕事をした」という理由からだ。水谷はマカロニ刑事によって最初に逮捕される犯人役だった。

萩原は己に関する仕事に厳しかったが、水谷豊のように現場での真摯な態度を見逃さない職業観の持ち主でもあった。

さらに言えば、グループサウンズ（GS）時代の先輩である大野克夫（元ザ・スパイダース）に番組のテーマソングの作曲を依頼し、演奏をしたのが同じGS時代後に結成された井上バンドであった。これらは萩原の差配であったと伝えられる。

自意識過剰の自己中心に思われがちな萩原ですが、こうした配慮を持ち合わせて、他人に対する独特の嗅覚を活かした経歴があるのをワタシは萩原に認めます。

ＧＳと言えば世代感覚を匂わすこんな戯れ句を思いだす。

「ＧＳはグループサウンズ　息子よ　角のガソリン《G》スタンド《S》じゃない」（吉竹純）。ＧＳは遠い過去になったと思う。

ＴＶ『傷だらけの天使』には見栄っ張りでスケベな調査員のＮＯ２を、独特なムードで演じた岸田森（俳優）が出演しています。岸田は樹木希林（悠木千帆・初代）の最初の夫（１９６４～68年）です。

そして萩原はと言えば、ＴＶ『傷だらけの天使』で演じた調査員役に過去の似通った行動に基づく俳優としての演技の限界を感じとり、方向転換へと舵を切るのです。それがまったく異質のドラマのＴＶ『前略おふくろ様』に辿《たど》りつくわけで、ワタシとも改めて接点ができました。作品（役柄）を創作する脚本と、役者を創造する監督の重要さをワタシは実感した時期です。

『前略おふくろ様』の成功の秘密

自分の演じる役について倉本先生と正面から向き合うっていうのは勇気が要ると思います。倉本先生は俳優の個性を最大限に活かしつつ、演技指導には厳しかった。絶対に妥協しない先生でした。ワタシも『前略おふくろ様』以外にも『北の国から』（1981年・フジテレビ系）、映画『駅　STATION』、最近は『やすらぎの郷』（2017年・テレビ朝日系）などに出演させてもらい、「一語一語の感情が大事」と訓えられました。「言葉で演技する」。貴重な体験を得て感謝し、ワタシの俳優稼業の転機となりました。

倉本はドラマ（『前略おふくろ様』）の撮影が始まる前に萩原の言い分（彼自身が過去に演じたことがない人物設定）を理解する。だが、本人に役柄（板前修業役）を演じる相当な覚悟があるかを心中、模索したという（『ドラマへの遺言』倉本聰・碓井広義共著・新潮新書）。生半可な申し入れなら断ったと。

倉本は役者に対して、「日常性を大事に」と導く。芸云々よりも普通人と同じ感覚を持てるかが俳優の分岐点になると説く。

いっぽうの萩原はそれまで自分が評価された逃亡する強盗犯人、仁義は守るが粗暴な調査員、破天荒な刑事役からの脱皮を考え、新しい展望に悩む時期を意識していたという感じでした。

萩原はその悩みを脚本家の倉本先生に全身で預けようと決心した結果、小心で純朴だが母思いの青年役が浮上し、このドラマが具体化した。朴訥なナレーションで萩原が三郎の心中を語って進行するという方法論で、それまでのTVドラマと一線を画す手法が当たりました。

脚本家倉本聰の訓え

倉本は、山田太一脚本によるTBS系ドラマ『それぞれの秋』での、出演者小倉一郎の「語るドラマ様式」を参考にしたと明かし、後年、話題となる名作『北の国から』(倉本聰脚本・フジテレビ系)で出演俳優の田中邦衛の「語り」へ応用する卓越した履歴がある。倉本は萩原に役柄への根本的な意識革命を説いた。

「お山の大将の役はダメだ。日常で頭のあがらない相手役を持つ人間が光る」(前出『ドラマへの遺言』)。名訓である。

小松は倉本台本の一語一語を噛みしめたと打ち明ける。

倉本先生の直言はワタシの教訓になりましたが、萩原の役者魂も痛烈に刺激したようでした。

それまで演じてきたアウトロー役には尊敬できる上司役はいなかったと萩原は気づかされたのではないでしょうか。

TV『太陽にほえろ！』には石原裕次郎さんが扮し、ボスと呼ばれる藤堂係長（東京都新宿区矢追町所在警視庁七曲警察署捜査第一係）は設定されましたが、警察機構内での活動には制限があり、破天荒さを発揮するには当然不自然で、俳優のワタシにしても転機を意図する萩原の役柄への欲求を満たすに無理があったと推測しましたが、実際はどうだったかは分かりません。

やがて萩原は、こうした「不自然な制約のなかでの演技」に矛盾を抱く。後年、主役の裕次郎への個人的な不満を漏らしたというが、複雑に入り乱れる業界の渦のなかで、萩原の演技に対する向き合い方に変化を生じさせた時期と、倉本の芝居論とが繋がったのは偶然でなかったと考えて矛盾しないと思う。

求める人との出会いが成長を促す

ＴＶ『前略おふくろ様』では男気を保ち、寡黙だが義理人情に厚い俳優の梅宮辰夫が演じる花板・村井秀次が存在する設定が決定的に萩原の役柄を一変させ、存在感を光らせる結果を招く。当時の萩原が模索していたアンチヒーローの役柄が板前の三郎と必然的に重なった。役が俳優を誘い、俳優が役を誘う典型的な飛躍の結びつきだった。

萩原は俳優としての柔軟性をワタシ同様にＴＶ『前略おふくろ様』で学んだと思います。不器用だが、己を信じてその日を精いっぱい生きる角刈りで、山形弁を喋る青年像（『前略おふくろ様』の三郎）を描く倉本先生のドラマツルギーに共鳴できたからでしょうか。それはまさに求める配役とのグッドタイミングとなったはずです。俳優にはこうした変化を学ばせてもらう出会いがあります、ワタシもむろんそうした機会は少ないですけど大事にしなければと胸に収めました。ハナ肇さんからの、「やって見ろ」の励ましや、「とにかくやろう」と背を押してくれた伊東四朗さんの後押しはワタシを勇気づけてくれました。それで一歩踏み込む勇気が運命を変えると分かりました。

ワタシはショーケンの生い立ちが強い自意識を育てたと思いますが、どうでしょう？　世の中に対する鬱積や不満が若い時分から身内にマグマのように溜まっていたというような。その人生観が役に対する欲求をどんどん膨らませて行った、と推測します。萩原が何かいつも苛立っている感じが強かったので、ワタシにそう見えたのかも知れませんが。

萩原健一（本名・萩原敬三）は、昭和25年（1950）7月26日、埼玉県北足立郡与野町（現在さいたま市中央区）に生まれた。市内の鮮魚店の非嫡出子が出生で、兄二人姉二人がいる。

埼玉生まれの男の県民性は万事控えめで温厚、比較的無個性と評されがちだが、萩原はまったく異なる生き方を貫く。

後に東京都荒川区聖橋中学・高校（現在は廃校）に通うが、付き合う仲間は不良グループで、2年で退学。このとき、ダイケン、チューケンの渾名がグループにいて、萩原はショーケンと呼ばれた。これが芸能界デビュー以後の知られたニックネームになるのも、その後の俳優人生を考え合わせると存在の異称として象徴的である。

世間に対して少し斜に構え、拗ねた態度とは対照的に眩し気な双眸にどこか孤愁をただよわせる青春真っただなか。十代の萩原が、そんなアンバランスな印象が若い女性の胸をときめかせるアイドルの要素として、すべてを持ち合わせたのは間違いありません。ワタシがまったく持ち合わせないキャラクターを萩原はすべて持っていました。

もっともそのことを羨ましいとは感じませんでした。ワタシにはワタシの個性を磨く動機があったからです。喜劇人としての人間を演じるという命題です。

時を待たず魅惑的な個性を帯びる萩原少年の運命が動く。高校中退の時期、当時遊び場としていた「北関東の田舎的文化の集大成」と揶揄された地元大宮（現在さいたま市。実際は都会的な街の風景が連なり、温和で昭和的な温もりの人情と文化的雰囲気がある）で芸能界へスカウトされる。17歳だった。

当時すでに、萩原は地元周辺では噂を呼ぶ人気を集めていたと聞きます。萩原の陰影の濃い印象はこの時分からあり、彼の性格は若い女の感情を摑む甘さがあったようです。いわゆる母性本能を刺激する個性で、これはアイドルに必須の条件でしょう。キラキラ輝く個性です。ある種、芸能人は個性を商売にする稼業です。ワタシにはワタシの進む道（喜劇人）があると信じたように、萩原も眩しいほどの個性を持ち合わせていました。

やはり、演技にもリズム感は大切

17歳の萩原健一が所属したグループサウンズ（GS）のザ・テンプターズはザ・スパイダースの弟分としてデビュー曲『忘れ得ぬ君』が1967年に発売される。ビッグヒットに輝く萩原がリードボーカルになる『神様お願い！』はグループメンバーの自作自演だ。

専門家の手による爆発的ヒットになる3曲目『エメラルドの伝説』（なかにし礼作詞・村井邦彦作曲・1968年6月発売）で、萩原がGS界の頂点に立った時期は、偶然にもワタシがちょうどおやじさんから独り立ちして、初めてのレギュラー（『今週の爆笑王』）を受け持った時期とほとんど重なります。その芸能界での使命をワタシは意識するしないにかかわらず背負うことになったようで。互いに自分の命題に向かい突進する時期だったと思います。

萩原は細く長い手足を十二分に突き出して、青春の不満へのわだかまりというような胸の想いを吐き出す。絶叫に近く熱唱する萩原の歌唱スタイルは、アイドルに必須の華やかさとセクシーさが全身から噴き出たが、業界が異なる小松との接点はない。

萩原は当然の如くに若い女性ファンを虜にし、この後伝説になるリードギター担当でリーダーの松崎由治のギターテクニックで、男性の支持者をも獲得し、ザ・テンプターズの人気は決定的な地位を得る。

「昭和歌謡としてザ・タイガース以外のGSでは、『エメラルドの伝説』を選ぶ」（平尾昌晃『昭和歌謡1945〜1989』廣済堂新書）との評価もある。

ボーカルとエレクトリックギター、エレキベースの電気楽器をメインにドラムスがリズムを刻むグループサウンズ（通称GSは和製英語。ボーカル・アンド・インストゥルメンタル・グループと欧米では呼ぶ）は、昭和56年（1981）11月26日に壊された日劇（現在の有楽町マリオン）で開かれた「日劇ウエスタンカーニバル」（昭和33年〈1958〉2月）のステージが最初で、男女を問わず若者の圧倒的な共感を得て新時代を迎える。因みに日本で「GS」と呼んだのは俳優・歌手の加山雄三だとワイルドワンズのメンバーがTV番組で証言する。

萩原は俳優として、「歌手時代の栄光」は一度捨てようと決めていたみたいです。それほど親しく話をしたわけではないですが、ドラマの現場で「俺は役者だ」という覇気《はき》がありました。その裏には、ミュージシャンが片手間に役者をやっていると見られるのを拒んでいたようでした。あくまでワタシの観測ですが。ただ、役者としての勘どころの反応はミュージシャンのリズム感みたいなもので、萩原の演技のアクションを支えていたのは確かです。

その頃まだ人生経験の少ないワタシは自分の感性を信じるしかないので、与えられた役柄に精いっぱい感じた息吹を演じていましたが、人生経験が少なかったワタシには正直、途方もない重荷を背負う感じはありました。

ミュージシャンとしての栄光を捨てる

ベンチャーズ（日本にエレキブームを巻き起こしたアメリカの先駆者）、ビートルズ（世界制覇の4人組）、ローリングストーンズ（リードボーカルのミック・ジャガーは日本の若者をロックファンにした）の影響を受け、日劇ウエスタンカーニバルは始動した。

初期の平尾昌晃、山下敬二郎、ミッキー・カーチスのロカビリー3人男。水原弘、守屋浩、井上ひろし、かまやつひろし、飯田久彦、弘田三枝子、パラダイスキング、坂本九などが世の中へ飛び出していくキッカケが日劇ウエスタンカーニバルで、世の中は彼らの独壇場でした。華やかな和製ポップスの到来にワタシも嬉しかったですね。自分もいつの日か、彼らのようにスポットライトを浴びたいと。ただそれだけを目指していた時期でした。いつか俺だってやってやるという気負いも正直あって、叶わない希みはないと必死でした。

日本の芸能界にアイドル王国を築いたジャニー・H・喜多川（2019年7月9日没）がこのカーニバルを見学した後、1968年8月、自前のハイソサエティーというバンドを伴い、フォーリーブスやデビュー前の郷ひろみを参加させているのはGS以後を見通す先見からであったろう。

同カーニバルは昭和33年（1958）2月8日から昭和52年（1977）8月まで全56回公演が開かれた歴史を持つ。GSの先駆者的存在は田辺昭知とザ・スパイダース（『フリフリ』1965年5月）と、ジャッキー吉川とブルー・コメッツ（『青い瞳』1966年3月）だった。

同じ時期のワタシは博多から上京して、あれこれ仕事をしながらやっとおやじさんの付き人兼運転手になる時代でしたが、ジャズ喫茶やゴーゴー喫茶と呼ばれた狭いステージで演奏をしていたグループが、ザ・タイガース、ザ・テンプターズを先頭に一大ブームを巻き起こす一群になる過程は当然、知っていました。でもまさか萩原健一とその後にドラマで共演す

ると は思いもしませんでした。人間の運命はつくづく面白いと感じました。

ザ・ワイルドワンズ、ザ・カーナビーツ、ザ・ゴールデン・カップス、ザ・サベージ、ザ・ジャガーズ、パープルシャドウズ、シャープ・ホークス、そして異色のグループのオックス等だが、ヒーローは沢田であり、追走し爆発的なパワーを放つ萩原だった。まさにGSの聖地日劇のステージでの萩原は他を圧して異彩を放った。

GSサウンズは従来のメロディーにリズムとハーモニーが付いた日本のポピュラーミュージックの始まりとなったわけで。当時のワタシは人生の下積みを懸命に積んでいた時代のことで、いつか俺も、という気持ちだけは無くさないように自分を叱咤しました。ただしワタシは他人を羨むといった感情が薄く、自分自身に発破をかけるタイプなので、芸能界へデビューできる日だけを心に描きました。

業界話だが、ザ・テンプターズのデビューの裏側には、元来がジュリーこと沢田研二をメインに据え、『僕のマリー』（1967年2月）で世に出たザ・タイガース（京都出身・サリーとプレイボーイズ、ファニーズから改名）に対するライバルグループにとの業界（芸能事務所）とレコード会社の思惑が交錯した結果だ。

ライバルが競う競争原理で人気は倍増すると、ブーム拡大を狙う芸能界の仕掛け人の博打的な思惑があってのことと思いますが、業界の打算はパワー溢れるザ・テンプターズの出現で大当たりをするわけです。もっとも、日本中を席巻したGS旋風はザ・テンプターズの解散、ザ・タイガースの「さよなら公演」で呆気なく幕が下ります。人気という目に見えない現象を感じたのは否定できないでしょう。

当事者でもないのに、始まりには終わりがあると教えられた気持ちでしたが、どことなく寂しくも思いましたね。終わりよければすべてよしとは聞きますが、祭りの終焉を見るような気がしたのは確かです。

「いま思えば、僕が人気絶頂だったロカビリー時代と同じ年数だった」（平尾昌晃・前出『昭和歌謡1945〜1989』）。

祭りの後の物憂い淋しさと言うべきか。

だがGSは時代の仇花《あだばな》ではない。業界関係者の舞台裏での権謀術数はあったかも知れないが、確かに、「その時代」の若者の代弁者は沢田であり、萩原であったのは間違いない。

日劇で観たショーケンの真意

そうしたバックヤードでの陰謀渦巻く1968年8月。著者はジャニー・H・喜多川に招かれて日劇の舞台を共に観た。数ある出演グループを差し置いて人気は確実に二分された。饗宴の最後に現れた沢田への熱狂は超満員の観客の情念を弄するように日劇の壁を震わせた。甘く切ない唱法は観客を楽しませるエンターテイナーの極致だった。

萩原の出演は沢田の前だった。横に移動する舞台の中央に突っ立つ萩原はすでに観客の歓声を忘れたように自分の世界に入っている。萩原の感性が日劇の会場の（観客を）飛び越して遊泳し、自己陶酔するスタイルを貫く姿勢には少なからず違和感はあった。

沢田研二（歌手・俳優）　己を知る良き呑み仲間

その理由は次の一文が分かりやすく表現する。

「楽しむのは自分じゃないというショーマンの立場に立って、完成されたステージをくり広げる沢田に、頭の良さをしみじみ感じた」（井上孝之〈現・堯之〉。『ザ・タイガース　世界はボクらを待っていた』磯前順一・集英社新書)。

利口な沢田は徹底して時代に沿う自分という存在を見つめるタイプでした。独りよがりにならない姿勢(歌手・俳優)に神経を尖らせていましたから。世間の動向を観察するスタンスをワタシは沢田から教えられた気がして、いつか盗んでやろうと思ったのも事実でした。

沢田は観客と唱和する熱狂を求め、独自のオーラで会場を巻き込む。まさに性別を超えたスーパースター。萩原は観客を通り越して自分の信じる美的な彩りを輝かせる異界の領域に固執しているように感じ、あきらかに方向性は異なっていた。

萩原は芝居の演技にはいつも自分の世界へ取り込もうとしていたように見えました。だから、誰が演技の師匠という存在はいない。強いて言えばTV『前略おふくろ様』での倉本先生だったかもしれませんが、それさえ確かなことではありません。これほど相手役の存在に関係なく自分の演技の世界にこだわる役者もめずらしいとはワタシの感想です。相手あっての演技がドラマツルギーなのにと。

萩原と沢田は当然、似て非なるボーカルのスタイルだった。だから、両雄並び立ったともいえる。だが、熱狂の終焉はいつも突然にやってくる。

萩原は約3年でグループ解散（1971年1月）を経験した後、やはりザ・タイガースが解散（1971年1月24日。日本武道館で「さよなら公演」を行う）した沢田と、「PYG（ピッグ）」というグループを組み、ツインボーカルで再出発する。互いにその存在を認めあっていたからだが、この活動も短期間で幕を降ろす。

呑み仲間の沢田とは気心が知れて一時、よく会いました。ワタシも酒は強いほうですが、沢田も恩師の一人の加瀬邦彦（ミュージシャン・2015年没）の家族に教えられた酒を結構、呑みました。でも気どりのないキレイな酒呑みでしたからワタシとは本音で話しました。沢田は「危険を孕む毒性」といった造られたイメージを、自分流の「時代のアイコン（象徴）」に変えていくという存在感を見事に掌握するアーチスト人間で、その面では一本、筋が通る生き方をしていると感心し、人間的に好感を持ちました。沢田はジュリーと呼ばれるのを嫌い、自分は「沢田研二」と意識する美意識を弁えて、常に自分の立ち位置を確かめる生き方をしているとの印象でした。

要するに自分に対する世間の動きを冷静に見つめる賢さがあると思いました。ワタシはマネできる部分は盗んでやろうと思ったこともありましたが、所詮、立ち位置が異なる沢田を飲み友だちとして見守っていこうと決めたのは事実です。芸能界での役割が異なればそれはスポットライトが当たる分量が違います。その事実をワタシは理解したからでした。喜劇人として独立した時期（デビューの10年近く後）、演劇人としての自分の立ち位置は世間さまが決めることだと思い定めたのです。

そして、「世界の若者を結ぶのは音楽以外にないということだ」（前出・磯前順一『ザ・タイガース　世界はボクらを待っていた』集英社新書）と沢田と萩原が信奉しての決断だったかもしれないが、一度冷めたGSサウンドへの熱狂の季節は通り過ぎ、萩原は活動の場を俳優の世界へ移し、沢田はソロボーカルの道を目指した。

役者に徹する萩原健一

とにかく、萩原は役柄に投影する「自分という存在」を絶対的に信じているように感じました。でも試練はあったようです。TV『前略おふくろ様』でのナレーション収録のスタジオでのことです。この形式を重要視する倉本先生は録音日のスタジオに姿を見せました。

その日は個室セットで萩原しかいません。「バカだな。お前の言うことはわかる」と萩原が台詞で口を開くと、先生が、突然、「声が小さい！」と怒鳴ったのでスタジオが緊張しましてね。「やり直し！」の連続です。「声が小さい！」「やり直し！」の繰り返し。そして、萩原が次の「ヤバいっすよ」という台詞を言うと、「声が小さくて聴こえない！」と先生が返したので、確か萩原が独り言のように、「マイクで調整すれば」と言ったのを聞いたワタシは、「こいつ、ダメだな」って思いました。

小松による萩原の回顧談を聞いて、「絵が描ける台詞（口ぶり）を吐け」と弟子のお笑い芸人ナイツを叱咤した内海桂子（漫才師）の言葉を思い浮かべたのは偶然ではない。

さて、そのときの「ダメ出し」は倉本が納得するまで続けられたが、萩原は最後まで自分のやり方をほとんど変えなかった。役者の抱く自分流のプライドは大事だろうが、一方的な自分中心のやり方は共同でやるドラマ制作の仕事場では共演者に迷惑なのは当然だ。

その点で健さん（高倉健）は相手役に応じて「受けの演技」が凄かったです。相手を光らせてこそ自分が光るといった演技が常道と知っているからで、そうした鉄則を守っていけたのだと思いましたし、両極端を学んだことはワタシの大いなる刺激でした。マネをするのではなく、自分ができる演技でポジションを高めることと思いついたからです。

ワタシはこれ以後、自分の個性を磨く手立てを模索し、台詞と演技の連動を考え抜きました。結果、演技の動きに合わせる台詞を日常の空気感で発声する訓練です。故意に怒鳴ったり、大仰に笑ったりする演技を抑制する、という何でもない日常の動きを重視する訓練を自分に課しました。自然に見える演技ほど難しいことはないと自覚した時期が一番、苦しかったです。

俳優萩原の評判

萩原の同業者からの評判は概ね芳しくない情報が飛び交う。

もっとも顕著な行為が、「共演者（特に若い男優）の好き嫌いが激しい」である。ＮＨＫプレミアムドラマ『鴨川食堂』（２０１６年１〜２月）に12年ぶりに出演したときのこと。「思い出の食、捜します」の短い広告を頼りに人探しを請け負う京都・東本願寺近くの「鴨川食堂」の奥にある探偵事務所。その看板娘の父親役が元刑事の萩原だ。このとき共演した若手俳優（寿し職人の役）の演技が萩原は気に入らず、全8話中、３話で撮影を中止にしてしまい、当時居住するシンガポールに帰ってしまう事件が起きた。当然多額の損害が出た。

わがままで済む問題ではない。

スッタモンダした末、ほかの若手俳優と入れ替える条件で萩原は撮影に復帰したが、「僕の役者生命はもう終わりです。死んでしまいたい」と降板させられた若手俳優は嘆いたという。これによってその若手俳優が自分の将来への夢をなくしたのなら萩原の責任は軽くないと思うが、幸いに当該の俳優は現在、活動している。

「若手俳優に難癖を付ける」は萩原の評判を落とす業界で知られた事実だ。


萩原に関して、こんなこともありました。TV『前略おふくろ様』の本読みの最中のことです。萩原が演じる片島三郎が、本読みのとき、「ワタを飾って（故郷へ）帰りたい」と叫んだのです。「ワタ?!」ワタシは思わずホン（台本）に眼を遣りました。

意味が通じないことを倉本先生が書くわけがない。「ワタ」の正体は「錦《にしき》」です。「錦を飾って（故郷へ）帰りたい」が正解です。共演者たちは下を向いて監督（ディレクター）からの指示を待ったものです。倉本先生は、「台詞はリング（輪）です」と何度も仰いました。

リングとは「繋がる輪」のことで、「それぞれの台詞は全部繋がっている」との考え。「え?」や「あ?」の短い台詞も次の言葉への橋渡しとなるとの意味がある。貴重なドラマ論の真髄だ。

萩原は、「台詞は前日に丸暗記してくるが、大事なことは本番だから」と口にしていたのが印象にあります。萩原の台詞に前夜からルビが付いたのはそれからですが、どう見ても女の文字でした。

撮影の段取りが変更になったりすると萩原は激怒しました。前日に頭に入れた長台詞が混乱するからで、その処置なさを他人に見られるのを殊の外、嫌ったからです。

そうしたときの萩原の短気は分からないでもない気がしました。萩原はギリギリまで役にのめり込んで現場に来る。それだけに日程の順番を覆すような段取りは役へのエネルギーを根底から覆してしまうからで、何よりもそれを萩原は恐れたのでした。これも主役の宿命かもしれませんが、だからこそ難局を乗り越えて「主役を張る」とはそういうことだとワタシは考えます。主役と脇役の差は役柄への重さ軽さではなく、いかに人間を演じられるか、にあるとやがてワタシは自分なりに考えるようになりました。人間を演じるとは、日常をどんなふうに生きるかではないかと。その日常の所作を意識するようになりました。

役者は一度役柄を身体に入れると燃焼し尽くさずにいられない。その役者の性《さが》を萩原は知っていたに違いない。では自分はどうかと小松は考えた。「役者としての存在感は自分にできることをしっかり繰り返すこと」とやがて思い当たる。この意味で、「萩原に感謝している」と小松は実直に語る。

萩原の私生活を覗く

ところで萩原は4度、結婚をしている。小泉一十三（モデル・1975〜）、いしだあゆみ（歌手・1980〜）、一般人（ヘアメイク・1996〜）、冨田リカ（モデル・2011〜2019）である。

時期は忘れましたが、ワタシは一度、萩原の世田谷（瀬田・当時）の自宅に招かれたことがありました。招待された何人かとのスキヤキパーティーでした。酒もスキヤキも美味しかったし、萩原も気を遣い、楽しい集いでしたが、ただ一つ、困ったことがありました。スキヤキパーティーが盛りあがった時間に突然、愛車（モーガン）をからぶきさせ始めたのでした。ぷあーッ、ぷあーッ。ぶあーッ。今思えば、萩原なりの歓迎の意味だったかもしれないですが、何しろ夜中ですから高級住宅街での近所迷惑にならないかと、そしてパトカーが飛んでこないかと、ワタシはそればかりが気がかりだったのが懐かしいです（苦笑）。

事件と萩原

萩原は2度目の離婚後に私的な不祥事を連続して引き起こす。大麻不法所持（1983年）が発覚し、暴行事件（1985年）、業務上過失致傷罪（2004年）、恐喝未遂事件（2005年）等が世間を騒がせたが萩原は不死鳥のようによみがえる。大麻不法所持以後に、復帰第一作（1984年）『宣告』（TBS・原作加賀乙彦、脚本柴英三郎、ディレクター斎藤光正）での死刑囚役の演技に、業界と世間に「萩原復活」を思わせた。萩原は平常64kgの体重を60kgに減量し、画面の大半が独房という特異な状況での死刑囚役を迫真の演技で表現し、再評価の復活を得たかに思われた。

ところが翌年（1985年）、暴行事件が明るみに出ると、またも萩原批判が頻発。取りわけ、恐喝未遂事件以後は世間に対する不祥事と、再起の繰り返しのしっぺ返しで仕事は激減する。

萩原は東京・世田谷の3億円豪邸を売却し、妻の冨田リカを伴いシンガポールのマンションに居住した（2013年）。

殊に社会的な事件はワタシたち芸能界で働く者に致命的ダメージになるケースが多いのは当然。

萩原は知られている事件だけで4度も起こしているのですから再起不能となってもと感じました。

なかでも恐喝未遂事件はいけません。人を楽しませる人間が人を脅かすなんて論外です。萩原には萩原の事情があったとも思いますが、肝心なことはワタシたちの仕事は世間に認められて成り立つ仕事だということです。

世間に認められるとは、芸能人の存在としての個性を愛され認められるかどうか。個性はその人間の生き方にあらわれます。

ワタシは俳優として大事なことは自分という存在を大事にして、日々、欠かさず成長させる繰り返しだとずっと胆に銘じて自分なりに努めました。それでもまだ足りないとは、「ピエロは笑ってもらうまで泣き」のおやじさんの信念です。

この教えを胸に浮かべると、まだ努力が足らないと思わざるを得ない日々との闘いがワタシの人生です。

喜劇役者を志した自分への叱咤であり、一方で励ましがこの「言葉」でした。

ジェットコースターの人生

もっと言えば、虚像が創る役者の人間性を認められるかが境界線になる。「俺の人生はまるでジェットコースターだ」と萩原は独白する。かつて、有名な歌手出身の俳優Ｉとは「ガチで喧嘩した」と明かすが、俳優Ｉは「スタジオで会ったとき、こっちは最初、知らぬふりをしたが向こうから、凄くカッコイイ」と友好的だったので、「オレもあんた、カッコイイよ」って言い返したと、ＴＶ番組で後輩のアイドル歌手に打ち明ける。

天然のアウトローと呼ばれたこともある萩原は、Ｉに自分と似た空気感を感じとったのだ。天然のアウトローと呼ばれてもそうした繊細な気配りがあったのも事実であった。

コンプレックスをバネにするっていうタイプは出世するとワタシは思います。俳優も芸人も自分が持ち合わせないものを突き詰めるというか、そういう負けん気が次へ向かわせるエネルギーに変わる気がします。上がったり、下がったり。ジェットコースターの人生とは萩原もよく言いましたね。

ワタシなりの考えを言うと、萩原はコンプレックスを人生のバネにしたと映りました。負けてたまるかと。それは全部、自分との闘いですから。萩原はそうした生き方しかできなかったと。その点ではワタシと異なります。

ＴＶ『前略おふくろ様』のスタジオ撮影の休憩時間に梅宮辰夫さんが言っていました。「（萩原は）凄い根性をしている」と褒めて、「自分に厳しいのが新鮮な演技になっている」と。コンプレックスをバネにする結果が、梅宮さんをしてそのように言わせたのかと思い、役者の劣等感をワタシは思いました。一つ確かな思い付きは、届かない胸の内を他人に伝える滑走路に役者が変身することで、観客の手立てになるという道筋です。喜劇役者としてワタシは、果たしてそうした存在にあるだろうかと、萩原のお陰で常に考えるようになりました。その面で萩原には感謝しています。

ショーケン（萩原健一）の難病

晩年、萩原は10万人に1人という難病を抱えていた。そのことが分かったのは2011年である。病名は難病「GIST（消化管間質腫瘍）」。敢えて世間に公表を控えたのは、俳優のイメージを保つ戦略上でのことだが、「同情はゴメンだ」と言ってのける萩原の自負心であった。俳優の自負心は虚栄と紙一重だが、自分を強くたしなめる自傷行為も求められる。

そうした役者稼業の間合いを小松は萩原と接して学んだ。

萩原の遺作はNHK大河ドラマ『いだてん』（2019年）での高橋是清役（日本の特許や商標など産業財産権制度の生みの親で、第20代内閣総理大臣）でした。高橋是清が通称「ダルマさん」と呼ばれる異形を萩原は演じて、その眼力に圧倒的なオーラを感じさせる熱演でした。

俳優萩原健一は転んでもタダでは起きない、そんな感じでしたが、工夫する役者だったのは間違いない。ワタシの推論ですが、少し例えは大きくなりますが、ハリウッドの名優マーロン・ブランドの眼力を萩原は晩年の芝居に活かしていたかも。深読みかも知れませんがワタシは刺激を受けました。

萩原は一時、「あのロッカーと破天荒さは双璧」と言われた。一方のロッカーとは樹木希林（後述）の夫の内田裕也である。

最後に告白すると、人にはそれぞれ好き嫌いがあって当然です。そうではあっても役者として萩原を評価しています。ワタシの立場として俳優萩原健一に対してはそれでいいと思っています。萩原が、「(芝居は) 小松政夫が（一番）上手い」と話していると人伝てに聞き、正直嬉しかったですが、それはそれとしていつも、どうやって芝居をするかを考えていた萩原をワタシは努力家と認めたいと思います。

最後の会話

小松が萩原と最後に会ったのは萩原の死の数年前、東宝映画の衣装部だ。互いに眩しく相手を見つめて微笑しあったという。

「久しぶり」と声をかけ、「老けないね」とワタシが言うと、「あはは、バカだから」と萩原は軽妙に返してきました。

先に、「ジェットコースターのような人生だった」と萩原の言葉を記したが、後半部分がある。「後はメリーゴーラウンドにしたい」であった。そして萩原の死である。

萩原が死んだと聞いたのは、故郷博多の舞台に出ているときで、冗談と思い、信じられませんでした。生前のあの無鉄砲なほどの意気のよさが記憶から消えないからでした。「死んだ？　あの萩原健一が。まさか」と一瞬、呆然としました。死ぬなんて考えられないと思っていたからです。

生前の彼とはいろいろありました。

だからこそ、心の襞《ひだ》から萩原健一の独特の台詞回しが消えないのかもしれないと思うと胸が痛みました。

冥福を祈らずにいられませんでした。ギラギラとした個性的なひらめきを強く持った人。役者としてのセンスはユニークでセオリー通りの芝居はしない人。彼は死なない人だと思っていました。

お笑いコンビのダウンタウンやコメディアン小堺一機らの後輩が憧れた萩原健一は、昭和・平成を波乱万丈に生き切り、２０１９年3月26日に旅立った。享年68。

小松は相いれなかった役者としての萩原健一の存在感を懐かしむ。演技者としてもっと立ち向かい、もっと闘いたかった相手として申し分ない存在だったと小松は言う。

第五章

樹木希林 生き方が言葉の宝石箱

初印象は清楚なお嬢さん

ワタシが最初に会ったときの彼女はまだ若く、明るくて育ちのいい清楚で綺麗な印象が昨日のようによみがえります。セーラー服を着る素直な女の子の印象です。人の出会いはその後の人生にどこかで関わりができます。ワタシと彼女の関係もそうした互いの人生の経路で交差しました。懐かしさに胸が熱くなります、本当に月日は早い。

1943年生まれの樹木希林（当時・中谷啓子）は千代田女学院の演劇部に所属し、薬剤師を目指すが、スキーで脚を骨折して諦める。気持ちを切り替えて新劇を志す。当時の三大新劇団（文学座・俳優座・民藝）のうちで一番早く試験を行った文学座に（1961年）、応募者千人を乗り越えて合格。一期生になり、文学座の重鎮女優の杉村春子に、「あんた勘がイイ子ね」と抜擢され、付き人になった。小松が植木等の弟子になった時期である。

最初の芸名（悠木千帆）は「厳しい芸能界には勇気が必要だ」と父が付け、名は彫刻家の前川千帆から付けたと聞いたことがあります。芸能界での勇気とは、どれだけ自分と向き合えるかだとワタシはずっと考えていました。特に挫けそうになったときなど胸が苦しくて酒に逃げたことも一度や二度ではありません。しかし、何故自分はこの苛立ちに襲われるのかを思いました。自分は喜劇役者を目指したからではなかったのかと。嫌なら諦めればこの苦しみから逃げられるじゃないかと気がつき、でもやはり辞められないと幾度も悩みました。

やがてワタシは自分を情けなく思い、一層、切なくなって酒に逃げたのを恥ずかしくなったとき、ワタシを支えたのはおやじさん（植木等）の訓えでした。

「焦ることはない。じっくり己の芸を見つめて精進していればいつか道が拓ける。そのときまで辛抱できるかが自分との闘いになる」と悟してくれたおやじさんの言葉を幾度も繰り返し、そのときまで泣くのは止めようと決めました。自分に負けるのがワタシには悔しくて、そのたび、仕事に謙虚で勤勉で陰での鍛錬を怠らなかったおやじさんを思いました。

自分に足りないのは陰での鍛錬だと気づいたのは、独り立ちして10年も経ってからです。そのたびワタシは、「ピエロは笑ってもらうまで泣き」と色紙に書くおやじさんの「名訓」を胸に刻み、それからはやけ酒はしなくなり、楽しく酒を呑むようになりました。

小松の酒は明るいと評判だ。周囲を和ませて笑いの渦に巻き込む酒盛りが広く伝わり、年々、人が多く集まるようになった。

さて、悠木千帆（樹木希林）は1965年に正式座員になるが、翌年（1966年）に約5年間（1961～66年）在籍した劇団を退団する。21歳のとき、俳優の岸田森（萩原健一の出世作『傷だらけの天使』で興信所の嫌味な上役を好演）と結婚をするが、女優業との二重の生活は若い樹木希林に過重過ぎた。結婚生活は4年間（1964～68年）で終わる。

いつだったか樹木希林は、「結婚は若いうちにするものよね。分別がつくとできなくなる」とバッサリと言い切っていた。今となって言えることですが、彼女は前が見えた生き方をしていたのかなって想像しちゃいます。達観したとはさすがに言いませんがね（苦笑）。

人の道理かも知れないことを、サラリと言ってのけるのが樹木希林の人生哲学だ。二度目の結婚（1973～2018年）は30歳のときで、離婚から5年後である。相手は当時から名が知れたロッカーの内田裕也。

二人の間に愛娘也哉子を儲けたものの、結婚1年半後から長い別居生活を過ごした。だが樹木希林は離婚しなかった。彼女は内田の人間性を認めていた。

「あの人（内田裕也）には私が必要なの」との理由しか公《おおやけ》にしなかったですが、ワタシには心底、彼女の深い愛情が満ちていたように見えていました。愛は惜しみなく与える。とはいえ、彼女の愛する者へのベタベタしない立ち居振る舞いに接すると、わが身を振り返る気がしたものです。ワタシも家族を心から愛していると実感したのは彼女と会話しているときが多かった気がします。

小松は別居する内田裕也の部屋を新居に用意しているのを実際に訪ねて、樹木の胸の内を実感する（後述）。

彼女の心の底には深い愛情が燃え立っていたと親しい関係者は語り継いでいます。ワタシはそれを信じました。それに（娘の）也哉子さんを心底、愛していましたから。家族を信じ、愛する人を眺めるとこちらも気持ちが和む気がするのは楽しいです。ワタシも家族を想う気持ちはだれにも負けない自負がありますが、それだけに彼女の素顔に親近感が湧くのでした。

自分が人間として成熟するために、「夫はありがたい存在」と樹木希林は正直に吐露する。「（夫婦関係に）難があるからこそ、自分が成熟していくために必要」と思いやる。

または、「大人は不自由になった分だけ文句がでる」と切り捨て、「大人が成熟するとは大間違い」と言い切った。ある部分で、甘える大人を叱咤して、己を戒めていると感じさせるのが樹木希林流の警句だったように考える。

女優としてのマグマを抱く

ワタシには男と女の立場の違いとかいうのではなく、樹木希林という人間のエネルギーみたいなマグマを彼女の20代の頃から感じました。晩年のあれほどの変幻自在な存在感にはすこし驚きましたが、それでもワタシは彼女の俳優としての可能性を信じる確かな根拠がありました。

とにかく目立ったのは役を突き詰める姿勢というか、役柄になり切ろうという意欲に溢れていた一点です。それはまったく他の若い女優とは異なる独特の空気感を伴い、抜き差しならない存在感でした。

分かりやすく説明すると、与えられた役（柄）の人間になり切る覚悟を表面にさらけだす勇気と感じたことにあります。案外、自分の奥に秘めた想いというのを引っ張り上げて表現する演技は難しい。個人としての照れがどうしても演技に影響しますから。樹木希林はその難題を演技者として経験を積み重ねる行為で円熟させたのです。

樹木希林は生粋の江戸っ子である。昭和18年（1943）1月15日、東京が東京府と記す時代の神田区（現在の千代田区）の生まれ。

一人いる妹（昌子）が薩摩琵琶奏者（荒井姿水）なのは、父親（中谷辰治）が薩摩琵琶奏者（錦心流）だったのを引き継いだのだ。もっとも、薩摩琵琶奏者と名乗っても世間的に高く認められた業種ではない。

元来、薩摩琵琶とは盲僧琵琶の系譜を汲み、語りの音楽ジャンルに属する。中世になり武士の習いの一つとして用いられた芸術音楽。

樹木希林（旧姓・中谷啓子）の父親は薩摩琵琶では暮らしが成り立たず警察官になり、神田界隈を管轄していたことが妻との出会いの縁になる。

神田神保町（現・千代田区）でカフェ「東宝」を営む母に父親がプロポーズ。

カフェの主人に収まり結ばれた。

要は父親が母のもとに飛び込んだ形になった。

母のほうが7歳年上で二人の子持ちだった。

樹木希林の分岐点

俳優樹木希林の履歴を見ると、「二人の恩師」が存在したことに気づきます。日本演劇界の伝説女優杉村春子先生（1906〜97）と、俳優・声優・歌手の森繁久彌先生（1913〜2009）でした。

※杉村春子は、築地小劇場から分裂した文学座の創立参加メンバー。広島県出身。日本の演劇界を背負う存在。演劇史や文化史でその名は欠かせない。『女の一生』（布引けい役）で芸術院賞。称号はカリスマ女優。芝居への厳しさでは人後に落ちない伝説がある。

※森繁久彌は国民的俳優。『三等重役』『社長シリーズ』『駅前シリーズ』（いずれも東宝映画）の主演で喜劇の芸術性を高める。『夫婦善哉』『警察日記』などシリアスな役もこなし、舞台は『屋根の上のヴァイオリン弾き』等多数。作詞家・歌手としても知られる。

ワタシが樹木希林に出会ったころの印象には触れましたが、文学座の看板女優である杉村春子先生の付き人だった彼女は、芸に厳しいことに有名だった杉村先生に、「あんた、勘がいいわね」と嘱望されるほど入団直後から才能の一端を先達に見通しされていたようです。

一方で、彼女の演技に一段と磨きがかかったと感じたのは、森繁先生主演のＴＢＳドラマ『七人の孫』（１９６４年）の21歳での老け役でした。樹木希林の劇中の存在感はどこからか突然、スタジオに舞い降りて来たかと錯覚しました。それまでのＴＶ界の常識を正面から蹴破るように演技する彼女は生き生きして見えました。まったくの話が。役者としての羨ましさは嫉妬を覚えさせる迫真に溢れていたからです。

この偉大な二人の存在が樹木希林に圧倒的な影響を与えた。後年になっての彼女は、この二人の先達の相違点を体験し、自分の俳優業に活かしたと判断する。

「私は二人の先生の芝居の違いで俳優の将来の道筋を確かにした気がします」と樹木希林は告白する。即ち、「台本に書かれたセリフを一字も間違いなく芝居をすることがもっとも大事」と杉村の舞台に接して感じとった。正直、窮屈だった。樹木希林はそうした芝居を納得しないまま文学座を退団。もっと自由に感情表現ができないものかと。

それに引きかえ、ＴＶ『七人の孫』（ＴＢＳ系）で共演した森繁の自分勝手なほど自由に見える芝居に触れて衝撃を受ける。「芝居は自分で表現するもの」と理解した。樹木希林はまったく異なる芝居の大御所から刺激を受け混乱するが、当座は天性の役者森繁久彌の台本に書かれていないセリフや動きに翻弄され、その動きに慣れるに従って演技が快感となる時期を体感する。

ところが、キャリアを積んだことで彼女は「思い当たった」と感じたはずです。杉村先生の芝居心得こそ本道だと。映画もTVも舞台も監督・演出家こそ最高の指揮者ということに彼女は思いついたのです。この一点こそ、役者にとっての命綱だと。ワタシはずっとその考えでやってきました。

監督さんあっての役者だと。ワタシの芸歴で学んだ最大のことは、まさに「監督（演出者）の存在」に従う姿勢でした。その真実を樹木希林は当初から肉体に刻んだ俳優だったと思います。

樹木希林は俳優の立場から、「一番大事なのは台本、次いで監督、映像、共演者。そして自分」と話している。つまりは台本通りに芝居をする杉村の姿勢こそ芝居の本道、一番重要なことは経験を積むことで行き着くと学ぶ。

「俳優は何も余計な演技をすることはない」との境地に思い経ち、晩年の熟練した演技に繋がっていったと小松は展望する。

杉村春子先生こそ自分の進むべき道と実感した樹木希林は、映画やＴＶドラマの現場では監督の指示通りに演技する心境に達したと思います。これは一見、簡単なようですが、映像に限らず、「芝居をする」上でのキーポイントではないかとワタシは考えました。少なからず映画出演をさせてもらう身からすれば、特に「映画は監督の作品」と言われるのもこの考えと合う気がし、芸歴30年を過ぎてワタシは合点しました。

この期間が長いのか短いのか判断できませんが、ワタシには大きな一里塚になりました。出演が決まればその瞬間、この身は監督に全部捧げるといった意味です。俗な言い方をすれば、どうにでも好きなように料理してください、と全身を投げ出すことと承知する身の処し方です。

余計な芝居こそ邪道だ。余計な芝居は監督の意図する演技に背く行為に通じるからだ。俳優渡哲也が生前のインタビューで話をしている。「俳優は芸を持たなければいけないという意見には、ぼくは反対なんですね。やっぱり、ぼくは素材だと思うし、それをどう料理するかだと思うんです。」（前出『シネマアルバムシリーズ渡哲也特集・さすらいの詩』・聞き手高平哲郎・芳賀書店)。料理するのは監督であり、俳優は素材だ、と渡哲也は指摘する。

前代未聞、芸名を売る

樹木希林が女優として頭角を現したのは1970年代のTVドラマ(この当時の芸名は悠木千帆)である。因みに樹木希林と改名したのは『ムー』(TBS系)の出演時(1977年)だ。

現在のテレビ朝日が日本教育テレビから社名を変更する際(1977年4月1日)、『テレビ朝日誕生記念番組　わが家の友だち10チャンネル』と銘打って、司会は黒柳徹子で完全生中継10時間半の放映を行ったときに遡る。

このとき、オークションコーナーの「にんげん縁日」に樹木希林がゲスト出演し、「売るものが何もない」と当時の芸名を「競り」に掛《か》けたのはあまりに破天荒で、あまりに常識破りで語り草になりました。

当時彼女は、悠木千帆という芸名に、「それほど愛着もなかったし、未練もないし」と言うのを聞いて、なるほどと思いましたが、彼女ならそのくらいの前向きな気構えは持っているとも感じました。だから驚きはしませんでした。生放送の前日にスポーツ紙の取材にその意思を伝えていたとは後で知りましたが、「バカなことは止めろ。俺が200万円で買う」と申し出た有名な劇作家（演出家）もいましたが、それでも彼女が応じなかった姿勢は他人と変わっているという偏見ではなく、むしろ潔い印象を持ちました。潔いとは俳優として再出発を覚悟するという意味です。

結局、東京・青山の服飾デザイナーが「芸名」を2万200円で買いとり、それを全額寄付して、女優の山田和葉が二代目悠木千帆を名乗った。新しい芸名の樹木《じゅもく》がいっぱい植わっているなかで個性のある樹になる、といった意味は今や日本芸能界の伝説になった。

個性派女優の萌芽

樹木希林の名を有名にしたキッカケは、森光子主演の『時間ですよ』（1970〜75年・TBS系）の風呂屋の従業員役です。共演する堺正章（歌手・俳優・司会者）とどこまでが台詞なのか、どこがアドリブなのか、漫才師顔負けのボケとツッコミのやり取りが視聴者に判断できない丁々発止の演技で衆目を集めましたから。でもあの数々のシーンは名場面でしたが、樹木希林はけっしてリハーサルと異なる演技はしませんでした。
この姿勢は最後まで「俳優としての守り事」のように変えませんでした。画面に自然に映る動きは演技の基本中の核だとワタシは固く信じますが、それが一番、演技者として難しい所作なのです。自然に見える演技をする。これほど難しく、これほどの演技の真髄はないとはワタシの体験であって、同時に喜劇人としての在り様なのです。

次いで、『寺内貫太郎一家』（1974～75年・TBS系）、『ムー』『ムー一族』（1977～79年・TBS系）でも、TV画面を突き抜けてくる勢いで演じ、従来の日本人俳優の常識を超えて見せる破天荒さは怪演とも呼ばれて視聴者の度肝を抜き、同時に喝采を浴びた。
当時のTV界の寵児久世光彦などの演出で茶の間の話題を独占した一人が樹木希林。その現象は同時に彼女の女優としての希少価値を大いに高め、日本芸能界の常識を破る勇気を最初にブラウン管で発揮した。

その時期（1970年代後半）の樹木希林は、30代半ばなのに老け役を柔軟に熟しました。腰を曲げ、口調を変え、それでいて演技の動作は画面から外れないように意識して的確に機敏に動く。全体の動きが不自然にならないように内心で計算していたと思いました。まるで演技の万華鏡のようで、彼女はその後、まだ実際は中年期なのに老婆を演じる段に歯を矯正して外見を変えた逸話があるほどでした。ワタシも70歳を過ぎてから「老け役」をいただくようになりましたが、彼女は30歳半ばからそれを受け入れて演じました。天晴《あっぱ》れな役者根性というしかないです。

これに似たエピソードがハリウッドにある。広く知られた逸話としては、撮影前に徹底して役作りをすることで有名な名優ロバート・デ・ニーロがアカデミー賞主演男優賞を得た映画『レイジング・ブル』（監督マーティン・スコセッシ・1980年）を演じる際に体重を大幅に落としたり大幅に増やしたり、自分の歯を矯正した話が伝わる。また、『タクシードライバー』（監督マーティン・スコセッシ）での演技にもデ・ニーロは肉体改造をし、3週間タクシードライバーとして働いた話もある。因みにデ・ニーロ（1943年8月17日生）と樹木希林（1943年1月15日生）は同年齢である。

小松がハリウッド映画のオーディション

閑話休題。

ここでコメディアン小松政夫の秘話を初公開する。

話は逸《そ》れますが、マーティン・スコセッシ監督と言えばワタシにこんなエピソードがあります。ちょうどその時期に香港で撮影中のスコセッシ監督から、なんと私に、映画出演のオーディションの話が飛び込んできたのです。いきなりの話に驚くというより、何だ、これはって感じでしたが、香港のロケ地から助監督が来日して来たので会いましたよ。どうにでもなれって覚悟を決めて、目いっぱいネタを演じようと決めましたが、「自分の好きなことをやれ」と言うだけで後は何も言わない。

こうなったら好きにやらせてもらおうと、ワタシは精いっぱい飛んだり跳ねたりしてコンドルが着地する真似や象の一声をやりました。全部で1時間もかからなかった。助監督はすぐ帰りましたが、その後は未だに何の連絡もありません。ははははは（大笑）。

あの騒ぎはなんだったのだろうと今でもよくわからないのです。どこかでワタシの存在を耳にしてくれてオーディションの機会を設けてくれたとは推測しますが、仮にスコセッシ監督の作品に出ていたら、「俺はハリウッド映画に出演の俳優」と威張れたかもしれない、もちろん冗談ですよ（照れ笑い）。

自慢話が苦手な小松はそんなとき、決まって羞恥心を表に出して恥ずかし気に頰を染めるが、その初々しい笑顔には少年時代の面影が漂う。

個性を発揮する樹木希林（演技の真相・1）

その頃から少し経っての時期、小松は樹木希林とTVドラマで年をとった夫婦役で共演した。シリアスなドラマで、演出は当時、斬新で革命的な演出法が業界を席巻して、飛ぶ鳥を落とす勢いの久世光彦（TBS）。小松は現場で厳しいと評判の久世から仕事上での好意を受け、何度か出演依頼をされた。以後、折りに付け常識にとらわれない演技を学ぶ。

夫婦役を演じた本番中に驚いたことがあります。夫婦での台詞の最中、彼女が突然、床に腰を折ったままリハーサルにない演技をし始めたからでした。見ると床に落ちている米粒を一つずつ拾い始めましたが本番はそのまま進行しました。生活感を漂わせるリハーサルにない演技だと演出には妥協を許さない久世さんは認めたのでしょう、そのまま本番のシーンは終わりました。

ワタシは正直、「負けた」と思いました。シリアスなドラマだからと四角四面に決まりきった演技は禁物でしょうが、相手役と会話をしている間の何気ない演技（仕種）は、演者が役（柄）になり切っている証拠ではないかとワタシは見ました。役者は役を演じるのではなく人間を演じるのだと。そのときの彼女がまさにそうであっても、アドリブ（即興の演技）は絶対にしません。これが樹木希林の芝居の真相です。役柄に忠実、その基本はワタシのポリシーでもありましたから、共感できました。

花開く俳優魂（演技の真相・2）

樹木希林の女優度の確かさは2000年代を迎えると、時代の空気感と重なって一気に咲き誇る。「女子好感度CMタレント」の第1位となり（2002年）、映像を舞台にした世界で羽ばたく時代を迎え、映画『東京タワー　～オカンとボクと、時々、オトン～』（監督松岡錠司・2007年）で、日本アカデミー最優秀主演女優賞を得た。『悪人』（監督李相日・2010年）では日本アカデミー最優秀助演女優賞を受賞、名実ともに日本の女優陣を引っ張る（本人にその気張った面はなかったが）存在感が際立った。

樹木希林の演技での度量の広さは深い洞察力と人間的な温かさではないかと見ています。

何と言えばいいか、樹木希林の眼差しにはどこか哀愁が漂う。それは人間の根っ子の部分を凝視しているのかと思えば、彼女の芝居に符合し納得できました。ワタシの生きる術《すべ》の喜劇人魂も人間考察です。芝居は人間を演じるからで、この考えはずっと変わりません。人間観察こそ揺れ動く心理が分かると信じるのです。人間の一挙手一投足が演技の基本との考えは芸能生活でずっと変わりません。

樹木希林は悩む若者を励ますように、「自分で壁をつくって閉じこもる」（壁なんかこの世にない。もっと自由に生きてみる）と叱咤する。失敗したら、そこからがスタートになると彼らの背中を押す。俳優柳沢慎吾もその一人だと告白する。

事実、ＴＶドラマ『時間ですよ』『寺内貫太郎一家』（共にＴＢＳ系）で共演した浅田美代子は樹木希林を公私にわたって慕い、今や個性的な演技派と評判の岸本加世子は、ＴＶ『ムー』『ムー一族』（共にＴＢＳ系）で共演して以来、師匠のように尊敬する。

本気の演技（演技の真相・３）

新人としてデビューしたばかりの浅田美代子と初めて共演（ＴＶ『時間ですよ』ＴＢＳ

系）した樹木希林でしたが、ドラマで浅田がワタシを殴るシーンに不満で、「人を殴るって、こういうことよ！」といきなり浅田を彼女が殴ったのです。浅田は2m以上も吹っ飛びました。正直、度肝を抜かれる気分がしましたよ。

その撮影の休憩時間、東京・赤坂のスタジオ近くの日本蕎麦屋にワタシを連れて行き、「あの娘《こ》に芝居の本質が何かを知ってもらいたくて」

樹木希林が本音を告白しました。

「マジに殴らなきゃダメよ。視聴者は役者がどのくらい真剣に芝居を演じているかをシビアに観ているの。役者が演技に躊躇《ためら》ったらそれこそ滑稽。役者が笑われたらお仕舞いよ」

と打ち明けた言葉が忘れられません。

「（希林さんは）自然のままが一番だって。整形のような無理をするのはおかしい。老けるのを楽しみなさい」と言われたと浅田は告白する（「阿川佐和子のこの人に会いたい」週刊文春2020年11月12日号）。

また、TVドラマ『ムー』『ムー一族』で共演した郷ひろみは、「樹木さんとの最初のシーンは互いに笑い合う場面でしたが、『あんた（郷）、本気で笑っていない』と、30分近くそのシーンだけを続けた」と明かし、「ホントに演技に厳しい人でした」と語る。

新人時代の岸本（加世子）も樹木希林との共演（TV『ムー』『ムー一族』〈TBS系〉）で急成長しましたね。同じシーン（場面）での出番の機会が多くてどんどん演技から硬さが消えて行ったのも、本人の才能でもありましたが、樹木希林の奔放な演技を次第に受け止めるようになる岸本の吸収力も凄いと思いました。何と言っても原動力は樹木希林の繰り出す硬軟自在の演技の効果だったとワタシは考えますし、その面影は晩年期の演技への前兆だった気がします。

樹木希林の打ち明け話・1

彼女（樹木希林）が意外な打ち明け話をしてくれたことがありました。ある日、ワタシに、「自分の体を傷つけてはいけない。だからピアスをしちゃいけないと言われちゃった」と打ち明けました。無邪気な笑顔で樹木希林はその忠告を守りました。

誰からとは明かしませんでしたが、今後の役（柄）への備えを怠るなとの忠告と受けとったのでしょう。

「俳優は日常から演技する」とはさすがに口幅ったいので言えませんが、ある種、彼女はそうした気遣いであったかもしれないとワタシは考え自分を振り返ったのが、彼女と撮影の休憩時間に日本蕎麦屋（既述）で同席したときに感じたのを思い出します。

小松は女優樹木希林を称して、自分に厳しく常に一歩先を見る俳優だったと評価し、同時にどんな共演者にも容赦しない姿勢だったと振り返る。

樹木希林の打ち明け話・2

また、こんな話を彼女から聞いたことがあります。ある大ベテラン俳優が本番前の本読み段階で細かい指示を喋っていたときのことです。

「センセイがこう言うから、そっちはセンセイの後から台詞を言うこと。センセイの台詞と被らないように」と言われた彼女は思わず聞き返したそうです。「あの、センセイって自分（大ベテラン俳優）のことを言っているのですか」と。

一同は一瞬、沈黙したそうです。

自慢を嫌う樹木希林の俳優根性が発揮されたとワタシは笑ってしまいました。豪気というのも天衣無縫というのとも異なる彼女の本質だったと思います。

自称「センセイ」とは主に時代劇映画で活躍した有名なベテラン俳優。艶福家だった。

樹木希林の打ち明け話・3

彼女の武勇伝（?）と言ってはなんですが、あるTVドラマの打ち上げでの一件を話しましょう。打ち上げの集まりで、大分、盛り上がっていたとき、彼女が突然、大きな声で叫びました。

「このなかに若い女優に手を出した人がいます!」

瞬間、打ち上げの空気が冷えました。よりによって、こんなときにかよ、といった非難めいた視線が彼女に集中したのは当然です。スタッフとキャスト一同は沈黙して成り行きを見守るだけでした。イヤな空気をつくったのだから当然ですが、言い出しっぺの彼女は平然としていました。

ただし、彼女は当事者の名前（後に当事者はプロデューサーで既婚者の久世光彦と判明。久世はその後に離婚し、妊娠した女優と再婚した）は発言しなかったとか。武士の情けでしたか。でも関係者は黙認していたと思います。それを打ち破ったのが樹木希林でした。

その後、TVドラマの革命児と評判を得て、ワタシも世話になった久世さんは会社（TBS）を辞めて制作プロダクションを作りました。おそらく、樹木希林の思い切った発言まで表面に出せず、何も言えずに悩む若い女優を見るに見かねての彼女の発言で、古い言い方ですが義侠心だったですかね。この性格はワタシと似通っていると思うので、内心で大喝采をしました。

樹木希林はそうした信義を抱く人としての大事な部分を身に抱いている性格で、それが彼女の持つ人間関係に立ち向かう真摯な生き方と小松は考えた。要は人間性を信じられるといった同等の意味に於いてだ。

本気の芝居って？

TV『ムー』と『ムー一族』（共にTBS系）での樹木希林は硬軟織り交ぜて演技の幅を広げていった。特に岸本加世子と絡むシーンで会話中に軽く岸本の頬を殴っていたのが、次第にそれが強くなって音声に届くほどになった。

ところが、岸本は負けずに樹木希林の頬を殴り返す場面に変わったが、それを受ける演技中の樹木希林の嬉しそうな表情が演技とは別次元で印象的だった。

彼女（樹木希林）は台本から感得する人間性をいつも本気（の演技）に昇華するので、相手役が真剣に向かってくる芝居を受けるのは当然と考えました。岸本はその点で言えば、樹木希林好みの女優だったわけです。実際、その後に、「美しい人はより美しく、そうでない方はそれなりに」（１９８０年）というフジカラーフィルムのコマーシャルでの会話が、その年の流行語に選ばれるまでに成長した岸本を、樹木希林は内心、嬉しかったにちがいありません。

ＴＶ『ムー』『ムー一族』と言えば、樹木希林は共演したアイドル郷ひろみと『お化けのロック』（阿木燿子作詞・宇崎竜童作曲）、『林檎殺人事件』（阿久悠作詞・穂口雄右作曲編曲）といった挿入歌を共演しビッグヒットさせた。この曲（『林檎殺人事件』）が番組の冒頭に流れると、樹木希林はリズムを外さずユーモアたっぷりに郷ひろみに合わせて器用にダンスをこなしたのも特筆物である。ある部分に来ると樹木希林は郷のお尻を軽く撫ぜるのを常態化した。軽妙且つ、懐の深さをこの時期から画面を通して世の中に訴えていた。

振り付けがあるにしてもあの踊りのリズム感はさすがと思い、舌を巻きました。踊って唄うのはアイドルの必須条件だから郷ひろみが中心でしたが、彼女は一切妥協しないで負けていなかった。しっかりと存在をアピールして、俳優の立ち位置の存在感を主張していました。

ワタシもお陰さまで持ち歌の「音頭」がヒットしたので踊りましたが、自分本位で踊っては周りに迷惑がかかるだけでシラケます。相手との距離感とバランス感覚が、案外、難しいです。それを知るだけに郷とのバランスのとれた間合いは見事でした。

そうなのです。ドラマでも一人勝手な動きをするとバランスが崩れます。均衡を保つとは相手役への心遣いでしたから。心遣いは常に本気が試されるからで、ひとり相撲にならないように共演者の個性と役柄をキチンと理解したうえでの「間合い」が大切とワタシは胆に銘じて芸能人生を続けてきました。相手を引き立てながら自分も存在感を示せるかどうかが結構、評価の分かれ目になると知ったのも樹木希林と共演してからです。

樹木希林との私的交流

小松政夫と樹木希林には私生活でも二人にしか分からない繋がりがあった。互いを信頼しあう関係が第三者にも通じる逸話がある。

その1・お宅訪問

ワタシと樹木希林の関わりは濃密ではありませんでしたが、私的な交流はありました。ゴルフのカントリークラブでゴルフ球を贈ったことがありましたし、互いの新築の際には花を贈り合いました。印象に残っているのは、外壁が石造りの洒落た彼女の家（「牢屋をイメージしたコンクリート打ちっぱなしの家（也哉子・談）」）を見に行ったとき、内部に入って驚いたのは立派な一部屋をのぞいたときでした。「誰が使う部屋なの？」と訊くと、「ダンナの部屋よ」。彼女の返事に驚き、そして感心しました。

彼女はサラリとした口調で打ち明けましたが、シャワールームも付設した立派な部屋でした。照れでもなく自慢するでもなく自然な話し方が印象的で、よほど惚れているのだなとそのとき感じました。

まだ来たこともない旦那（内田裕也）のために用意したという彼女の顔が、生き生きしていたのも印象深かったですね。

ミュージシャン・プロデューサーでもあった内田裕也は沢田研二を見出したことで知られ

るが、「沢田を目の前にするとドキドキする」と本音を漏らし、心底沢田の存在価値を認め、ショーマンとして沢田を信じた。

「内緒だが、沢田はマジに神に選ばれた人間だ」と内田は内輪で話していて、本当に沢田研二が好きで、その存在が好きだったと彼女から聞きました。

その2・新居訪問

ワタシが家を建てたとき、彼女が訪ねて来てくれたことがありました。事前の連絡もなく、それこそ突然、愛車シトロエン（フランス製）が家の前に停まったかと思う間もなく、でっかい花束を抱えた樹木希林が顔を見せたのにはびっくりしました。

「おめでとう」と話す彼女は少し照れたように笑ってから、「素敵な家じゃない」と付け加えました。会話をしていて相手に対して誉め言葉が入るのは話し手の思いやりです。それは彼女の人徳です。内田啓子（樹木希林）として、付き合いの仁義を知る言葉が嬉しかったですね。彼女の優しさはちょっとした会話を耳にするとすぐに行動する性格で、芯には他人に対する思いやりのある女性でした。

ＴＶドラマ（ＴＢＳ系）で共演しているとき、小松が無意識に、「バターサンドが食べたい」と洩らしたのを聞いた樹木希林は翌日、両手に余るほどの（小川軒の）バターサンドイッチを小松に差し入れした。バターサンドイッチは小松の大好物だった。

樹木希林のことばの由来

樹木希林は著書の中で、「言葉は人を傷つけもするし、幸せにもする」と率直な言葉を残しますが、その多くが人を励まし、人の心を打つように聴こえるのも人生の真実であって、彼女自身の生き方が重なるからです。読書家の彼女の蔵書の数は物凄いと聞きました。

例えば、著書（『樹木希林　１２０の遺言　死ぬときぐらい好きにさせてよ』宝島社、『一切なりゆき〜樹木希林のことば〜』文春新書、『この世を生き切る醍醐味』朝日新書）等から引用した。

「他人と比較しない、世間と比較しない」（這い上がれず挫折するのは馬鹿らしい）、「必要のない人なんかいない」（人はだれかにとって大切な存在だから）、「どんなときも笑顔でいることの大切さ」（笑うと心が潤ってくる）、「大人は不自由になったぶんだけ文句がでる」（人間が成熟するとは大間違い）、「欲と雪は積もるほど道を忘れる」（欲はほどほどに）等々、数え上げるとキリがない。彼女の言葉は最近になり生前の膨大な蔵書からもその内面が明らかになった。

写真から見える家族像

『樹木希林120の遺言　死ぬときぐらい好きにさせてよ』（宝島社）に載った一家総出の家族写真が話題になったでしょう。中央で杖を片手に座るサングラスの内田裕也、樹木希林はむかって左端に立って一番年下の孫を見つめる。内田裕也の横に座る也哉子とその背後に立つ俳優の本木雅弘。目立つのはカメラ目線で立つ長身の孫の雅楽と伽羅。それぞれに個性があって興味深い一葉だが、樹木希林と本木雅弘がカメラ目線でないショットは面白いです。編集部が敢えて選んだのでしょうが。彼女とモッくん（本木）の気遣いで、かえって内田裕也の傲然とした家長の風格と、樹木希林の繊細な祖母としての個性とが表現される「家族の肖像」ではないかと見ました。

家族以外に素顔を知る親しい人に樹木希林はまったく別の顔を見せる。映画の感想を互いに述べ合ったセレクトショップのオーナーや、気軽に吹き替えの声を演じて見せ、お茶目な仕草を懐かしむヘアサロンの担当者らが樹木希林との交遊を懐かしみ惜しむ（共に「週刊女性」２０２０年9月22日号）。加えて、横浜の老舗居酒屋の親族らの惜別の声には樹木希林へのオマージュが漂った。

この私的生活と、「仕事するために人間をやっているわけじゃない」（樹木希林の言葉より）が問答無用にリンクするから一層、希代の俳優としての才能が眩しく光るのかもしれない。

晩年に名作が連続する生き方

俳優として最後まで仕事の最前線に立っている事実は凄いと認めなくてはならないでしょう。だからこそ名匠や話題作を連発する監督から出演のオファーが絶えなかったというのはその明らかな証明です。そして、樹木希林が俳優として注目されるキッカケは演技力が問われる「老け役」でしたね。

ＮＨＫの朝ドラ『はね駒（こんま）』（１９８６年）は日本の女性新聞記者草分けの物語だが、樹木希林は若き主役（斉藤由貴）の60歳代の母親役を演じる。当時、彼女は43歳の女ざかりだが老母役を無理なく演じた。

実際の年齢が60歳代を迎えて精確な演技指導に定評のある現代日本映画界で今や名匠との評価が定まる是枝裕和監督作品に、リアリティーな動きと演技の境目を微妙に熟す圧倒的な表現力を買われて頻繁に出演した。

『歩いても　歩いても』（２００８年）、『そして父になる』（２０１３年）、『海街ｄｉａｒｙ』（２０１５年）、『万引き家族』（２０１８年）など、秀作のほとんどが「是枝組」の常であるのに注目する専門家は多い。

それは、樹木希林の確かな役柄への理解力と、的確な立ち向かい方にあったのは当然で、彼女は是枝監督に俳優として全身を投げ出したとワタシは感じました。俳優としての覚悟を見極めたのは是枝監督の眼力にあるのは言うまでもないのでしょうが、彼女の存在感が名匠の感性を動かしたのは確かで、同業者のワタシは頑張らなくてはと背中を押される気持ちになりました。

それとともに、樹木希林がシアワセを感じたと推測するのは、女優となった孫の内田伽羅と、『奇跡』（2011年）と『あん』（2015年）の両作品で共演したことではないでしょうか。彼女も祖母としての幸せを感じたと思います。

祝いの場でがん告知を公開

樹木希林が、「私は現在、全身がガンに見舞われて、がんとともに生きています」と衝撃の告白をしたのは、長年、理解し合えなかった母（樹木希林）と息子（役所広司）の葛藤と絆を、晩年になって、家族の励ましで結ぶまでの『わが母の記』（監督原田眞人・2012年）での、第36回日本アカデミー最優秀主演女優賞の受賞スピーチの場だった。

あの挨拶には現場に居合わせた関係者・メディアばかりでなく、同業者のワタシたちも衝撃を受けました。

日本の映画界最大の晴れの舞台。場所が場所だけに衝撃を呼びました。彼女の性格から推測して、我田引水に計算しての発言ではなかったと思いますが、それにしても、晴れ舞台で己のがん告知を告白するとはいかにも常識破りで、時代の先を行く彼女ならではの発言内容でしたし、自虐的というか、先鋭的にさえ見えました。要するに、「死はいつか来るものではなく、いつでも来るもの」との覚悟の果てと達観しているような。役者やのう、とワタシは思わず笑いました。

樹木希林の型破りな挨拶の告白を会場の全員が聴き入ったのは、驚きといっしょに一種の感動だったと思いました。にもかかわらず最後に「がんだから先の(仕事の)約束はしません」とユーモアの籠るスピーチを映画関係者、マスコミに披露して、喝采を浴びるしたたかさも垣間見せた真意は、「仕事をするために人間をやっているわけではない(前出)」との筋の通った生き方が言わせた信条だったとワタシが理解しましたのは当然でした。


そしてその告白はまた、「がん告知をすると相手が真剣に向き合ってくれる」と樹木希林は人間の心情を見通しての吐露だった。

死の訪れる5年も前のことではあるが、以後も秀作に出演した。実は全身がんの公開(2012年)より9年も前(2003年1月)、樹木希林は網膜剥離を患い、左眼を失明している。

だがそれ以後も映画での演技は成熟度を増していく。『万引き家族』(2018年)では頭髪を乱し、入れ歯を外して素顔に近い姿で老婆を演じた。

俳優魂と言うべきか。

最後の出会い

ワタシが最後に彼女と会ったのは、「第26回日本映画批評家大賞」（２０１７年）の会場でした。偶然、その年のゴールデン・グローリー賞を同時に貰ったのも何かの縁。会場でワタシと彼女は並んで写真を撮りました。まさかそれが最後の出会いになるとは想像もしなかったですが。この大賞は「映画はその国を映す窓である」と言い残された映画評論家の淀川長治先生らが発起人になって結成された組織です。

ご存じのように淀川先生とは何かとご縁があるワタシにとって意義深い受賞となりました。それに加えて、長い期間に交流を持った彼女といっしょにとは、以前からの付き合いがよみがえり感慨深いものが胸にあふれました。「やり続けることでしか、その尊さが見えてこない」と樹木希林は言いましたが、ワタシの信条は「やり続ける汗の一滴を尊く思う」です。

贅沢にならず、人と比べず、面白がって平気で生きればいい。

自然体に生きるとはまさに俳優樹木希林が言い残した言葉の通りかもしれないが、小松政夫にしても一つの道を遣り続けた人間にしか口にできない人生観に通じるのも事実で、それを実践した経歴がある。

それにしても樹木希林とは長い付き合いになりました。天命を全うした樹木希林。天晴れな人生でした。亡くなる年に2本の映画が公開されたのを見ても、彼女が如何に俳優としての職業にこだわり、愛していたかが伝わりました。

遺作はドイツ映画『命みじかし、恋せよ乙女』（監督ドーリス・デリエ・2019年）。桃井かおり主演の『フクシマ・モナムール』を演出したデリエ監督が、主人公がかつて日本女性と恋をした父と日本へ向かう物語を制作した。茅ヶ崎の老舗旅館の女将役が樹木希林。達者な演技が評価され、今作が最後の出演作となった。だが、同年には人生で初めて自ら企画から参加した映画がある。『エリカ38』（監督日比遊一）である。

遺作に込めたエール

『エリカ38』は60歳過ぎなのに38歳と称して男たちを翻弄し、海外へ逃亡して逮捕された実在の女詐欺師がヒントのドキュメンタリー調の作品でしたね。

映画化に関しての裏話は、樹木希林が深く面倒を見た浅田美代子の「代表作に」との想いが発端にあったのを関係者は知っている。浅田は新人時代に樹木希林とTV『時間ですよ』（TBS系）で共演して以来の私的な付き合いがある。

なんとか、「浅田美代子の代表作」に携わりたいといった樹木希林の動機が死ぬ覚悟でこの作品に参加したと聞いて、いかにも姉御肌の人間だって納得しました。

もともと、芸能界は食うか食われるかの業界なので、同業者の面倒、しかも後輩のことなどはキレイ事は抜きにしてどうしても後回しにしてしまう。油断すればすぐ抜かれます。一度追い越されると追いつくのが大変なのです。一種の流行りの世界ですから、一旦、抜かれて油断していると瞬く間に忘れられるのが芸能界の掟です。ワタシも半世紀、さまざまな人間関係で学んだことは、決して自分を過大評価しない、という一点です。

身分不相応を自覚するというのか、脇役の存在感を見失わない立ち位置を自覚する、といったことに集約されると誓っていましたから。ワタシは自分への過大評価を冷静に受け止めるように努めました。ワタシも人間ですから（笑）、予期以上の評価は嬉しく思いますし、有り難く受けますが、増長するのだけは注意するように心がけました。芸能界での今いる自分を自覚する、という意味で、自分自身と役者としての虚像の錯覚はイチバン注意が肝要と、師匠（植木等）の後ろ姿を見て学んだ第一歩でした。

『エリカ38』で樹木希林は主役（浅田）の老いた母親役を演じる。実際に浅田は樹木希林に対してそれに似た感情を抱いていたにちがいない。「美代子の代表作に」といった樹木希林の熱いエールを浅田は感じたと見て間違いない。

かつての樹木希林は、恩師である演劇の大女優杉村春子の、台本を一字一句間違えずに演じる芝居論に一度は反発し、自由奔放（むろん、確かな演技の見識があった）なほどの森繁久彌の演技に傾倒した時期があった（既述）。その後の経験から、「作品は台本・映像・監督・音楽・共演者などの俳優がいて整う」のを真実と弁えるようになる。

「俳優は監督さんに呼ばれて初めて成立する存在よ。自分の個性で呼ばれるなんて誤解しないこと」（樹木希林・談）。繰り返すようですが、同感です。樹木希林、よくぞ言ってくれたという思いです。

この意味を理解することで俳優の存在が決まる、というのがワタシの信念なのです。俳優は自分の個性を磨く鍛錬が必要という経路を辿ると、ワタシたちの終点は現役の最後まで仕事に繋がれると信じられるかどうかにある気がします。もちろん、ワタシはそれを信じるからこそ、仕事ができると思っています。

樹木希林の本意を小松が解く

彼女に関して最後に正直に言わせてもらうと、30歳代から40歳代の樹木希林の芝居は、「凝りすぎ」っていうか、「演技しすぎ」に観える時期がありました。役柄を読み込んで演出家の意図に沿って芝居をするのがワタシらの仕事ですが、それ以上の芝居を彼女はやる。ある面で効果的であり刺激的ですが、一人の役者が凝ったりしすぎると全体のバランスが壊れがちになるのがドラマの宿命でした。映画の業界で「消えていろ」という隠語があります。役柄としてその場にいるが己自身（の配役）を強調するな、といった用語です。ワタシが脇を固めての出演を「自分の立ち位置」として悩んだ末に受け入れるようになったのは、やっと40歳を過ぎた時期で、消えていろ、の存在感を意識するようになってからでした。

故に過剰な演技は禁物だが、樹木希林は本人が中年から初老の年齢になって輝きだした。つまり内面の演技と年齢相応の演技が無理なく重なってきたからではないか。

皮肉なことに、樹木はもともと老け役が多かったので、役（柄）と実年齢の差がなくなると俄然、彼女の演技が光りだしたのは偶然ではないです。おそらく自分本位ではなく、監督や演出家のイメージを身内に取り込むことが可能になって、演技の幅が広がったと感じましたし、俳優としての底力が増したのだともワタシは感心し、翻って自分はどうなのだろうかと自己反省もしました。一応、念のため（笑）。

ところで、一つの疑問に思いあたる。「俳優は与えられた条件下でいかに役柄を演じるか」が、立ち位置と認識した樹木希林のその段から見れば、「企画から参加する」とは矛盾する。その一件を業界60年の小松は次のように解いて見せた。

小松の樹木希林論

それはですね、俳優の樹木希林と言うよりか、内田啓子（本名）としての生まれついての包容力じゃないですか。後輩の代表作にと全身全霊を傾けて映画づくりに走ったと聞き、ワタシは直観しました、彼女（樹木）の思いやりで、それ以上に後輩への叱咤です。上辺の世辞を嫌う性格だったから（笑）。この後押しをどのように受けとったかは浅田美代子本人次第ですが。おそらく、変な言い方になりますが、樹木希林の厳しい温情は肌身に感じたのではないですかね。この業界では珍しい秘話と言っていい。

ワタシは数えきれないほど、おやじさん（植木等）から親に匹敵する恩を受けましたが、仕事で直接に手助けをしてもらった経験は一度もありません。全部、自分のことは自分で責任を持って動けが訓えでしたから。もっとも、独立直前にはワタシの知らないところで売り込んでくれていましたけどね（高倉健や鶴田浩二への口添え・既述）。

映画『エリカ38』の劇中で、小松が指摘したようなシーンがあって浅田との関わりを知る観客の胸を打った。母親（樹木）が娘（浅田）の祝賀会で挨拶をするシーンだ。

おそらく、樹木希林からの要望が通ったのではないかと推測するのは、「どうぞ、娘をよろしく」と語る場面だ。因みに小松は同映画に代議士の役で出演している。

樹木希林の「その台詞」は先輩俳優として、また一方で身近な存在としての懇願だったのではないかと感じました。上下関係が厳しい芸能界は裏を返せば弱肉強食の世界です。少し強く言えば、這い上がってくる後輩は蹴落としてもわが身を守らなくては明日がない。

そうした厳しさに耐えた者だけが煌々と照るスポットライトを浴びられる世界。平たく言えば、その眩しいライトに照らされる自分という存在確認のために努力し、チャンスを摑んだ者が生き残れる業界。その掟は、世の中の人気を捉えたいと努力した俳優への褒美と思うのです。だからこそ己自身次第の自覚が求められる業界だとワタシは感じます。
ワタシの知る樹木希林は、他の俳優と表面的に馴染まなかったぶん、自分が見定めた俳優の道をひたすら歩めたのではないかと思います。
30歳代からの「老け役」はその最たるものでした。

映画『エリカ38』が公開されたのは樹木希林の死後9か月後だが、「俳優樹木希林の遺言」の映画になった。

「死はいつか来るものではなく、いつでも来るもの」と言い、「がんだから先の仕事の約束はしない」（『樹木希林　１２０の遺言』宝島社）とは、まさに潔いほどの覚悟と認め、「アンタはエライ！」とワタシのギャグを心からの送別とします。

戒名は希鏡啓心大姉。享年75。

第八章
植木等
分かっちゃいるけどやめられない

「私は三流の芸能人です」

植木等の盟友谷啓（1932年2月〜2010年9月）は生前、TVのインタビューでそう言ったのだ。

端的に、「一流のトロンボーン奏者、一流の俳優、一流のコメディアン。全部足して三流の芸能人です」と。ならば、谷啓流の喩えを借用させてもらえば、植木等は「五流の芸能人」との称号を与えられる。一流の歌手、一流のタレント。合わせて五流の芸能人」と称せられるであろう。

俳優、コメディアン、歌手、ギタリスト、タレントの植木等（おやじさん）との出会いは運命だと思いました。人生には自分の行き先を知らされる人間との出会いがありますね。おやじさんはワタシの将来を決めてくれた大恩人で、ある意味、親以上の存在でした。

「起は必ず時節到来也（人の出会いや出来事はすでに決まっていることなので逆らわずに学ぶが良い）」（道元・曹洞宗）との至言があるが、昭和を駆け抜けた植木等との出会いは小松の一生を大転換させる存在になった。人との出会いは人間の一生を左右する。それゆえに出会いこそ大事にすると繰り返す小松政夫は、名優植木等の唯一の弟子になれたことで将来の道筋を与えられた。

植木等との運命

高校を終え、上京したワタシは、役者になろうと俳優座の試験を受けて合格しました。ところが、払う月謝がないことに気がついて、いろいろアルバイトをしながら、故郷博多駅で盛大に見送ってもらった手前、このままでは帰れないと前を向きました。どうにかなるではなく何とかするがワタシを前向きにする道標でした。やっと、リコピー機を売る会社の営業の仕事を見つけ、多少、自信があったせいで結構、成績は良かったですね。

コツですか？　それは売る相手を徹底的に「褒める一手」の営業トークです。自分を卑下するのではなくて、相手の長所を素早く見つけて照れずに徹底して褒めます。多少は大げさに話し、針小棒大で構わないのです。自分が照れないことが肝心と思い、一度、買い手と話し始めると次から次へ言葉が浮かんできて、気がつくと営業所で上位の売り上げを記録していました。

小松の原点は故郷（福岡）に居た頃から「マサ坊（本名・松崎雅臣）演芸会」のような集まりができて、見様見真似で覚えた物真似や形態模写をやった日々だ。同年齢の友だちばかりか大人まで集まって声援を送ってくれた過日を忘れられないと振り返る。記憶に残る立ち居振る舞いがその後の小松の芸能人生の先駆けになった。

すごくうれしい気分でいい気になって得意になりました。彼らの笑顔が励みになり、もっと喜ばせてやろうと得意技を増やしたのです。

他人を悦ばせるっていうのは、こんなに愉快なことなのだ。

他人の笑顔を見るのはこんなに嬉しいことなのだと子ども心に思ったのです。第一に気持ちが高揚する幸せな自分を誇らしく感じ、ワタシは人を笑わせる職業に憧れを持つようになっていきました。

小松にとって最初の運命の人は、横浜トヨペットに入社時の上司でブルドッグに似た風貌（？）で、ブルドーザーのように働く営業部長（川上実・当時34歳。以後はブル部長）であった。売り上げの成績がいいのみならず、小松の性格が気に入られた。

人との相性は大事だ。

小松とブル部長とのキッカケは些細なキッカケだったと思われたが、実際はやり手だと評判のブル部長の眼鏡にかなった行動だったと分かる。

ブル部長は仕事に厳しかったですが、陽気な性格でワタシのことを気に入ってくれたらしく、ある日突然、「カラテチョップだよ〜」とプロレスの王者力道山（大相撲出身で元関脇・二所ノ関部屋）の真似をしてワタシの胸を打って来たので正直、驚き、内心で腹が立ちました。

もともと短気なワタシは、「何をする！」と怒鳴り返したいのを我慢したので、社内が険悪な空気になって周りもヒヤヒヤしたと思いますが、実はその行為が仕事に突進型の部長の愛情表現だったのです。

ブルドーザーのように突進する仕事人間にワタシは見込まれたわけです。正直に言えば迷惑半分、嬉しさ半分でしたが、次第にブル部長の人柄に惹き込まれました。人の相性は言葉で表せないと教わりました。

人生を変える出会い

ブル部長の空手チョップに似た行為を社員に繰り出した出版人がいる。出版界の風雲児と渾名される高橋一平（元竹書房会長）だ。高橋は小松政夫が芸能人初期の時代から交友を深める。

ワタシが2歳年下の高橋元会長（当時は係長クラス）と偶然に出会ったのは1970年代後半で、世の中の景気が上昇する寸前の時代です。場所は東京・新宿の知る人ぞ知る酒場（「どん底」）でした。

当時から魔界と呼ばれた新宿の遊び人や、一流の文化人が集う店内は連日連夜のお祭り騒ぎで、ワタシもすっかりそのなかの一員として騒いでいました。その店で初対面にも拘わらず、ワタシは高橋元会長とドンチャン騒ぎをして、意気投合しました。その後に高橋元会長はあれよあれよという間に課長になり、部長に昇進し、その後40歳代で株式会社竹書房の社長（後に会長）に昇り詰めたのには内心、驚きましたが、昇進のたびに開かれる祝賀会の司会はワタシが受け持ちました。彼はワタシより年下ですが面倒見がよく親分肌で、ブル部長と似ている性格だったのが印象的でした。

社長当時の高橋（会長）は時間があると社内の編集部に顔を出して、元プロレスラーで有名なアントニオ猪木ばりの張り手（ビンタ）を社員の頰に打った。

最初は度肝を抜かれた社員は眼を白黒させたが、その後になると高橋の張り手が、「頑張っているな。ありがとう」の励ましで感謝の意味が込められていると理解するようになり、社員は受け入れるようになった。小松は突進型の人間と縁のある性格のようで、それが次につながる分岐点になった。

ブル部長は突然、「お前、気に入った」と言ってきたのです。まだブル部長の性格を知らなかったワタシに同僚が、「あの部長は近く高級車のセールス部門を始める」と耳打ちされワタシは覚悟を決めました。業界で一風変わったやり手と評判の部長が先頭に立つ会社に転職したのです。無茶は承知でした。ワタシは一度決めると突っ走る性向があります。運転免許を持っていませんでしたのでブル部長の計らいですぐに運転免許を取得しました。

その部門でのワタシは、出社前に馬車道（横浜）の理容室に通い、颯爽（自分で言うのも気恥ずかしいですが）とスーツを着こなし、ブル部長の叱咤激励を背中に受けて、さらにモーレツ仕事人間になり、やがて売り上げトップを記録し、全国的にセールスマンとして名を知られる存在に昇り詰めました。セールスの世界は個人で何台売ったかだけが評価される世界でしたから、ワタシの鼻は天狗顔負けの高さに伸びて破竹の勢いでした。

将来への夢が動き出す

ラーメン一杯が40円の時代に個人の売り上げ利潤の配当で月に20万円以上を稼ぎ、同僚に奢り、キャバレーにも通った。なにより酒が好きな小松は金払いが派手で、オンナたちにモテモテだ。むろん、磨きがかかった話術が女心を射止めた。セールスのときのように。

当時、酒好きのワタシは喰い、呑みの乱暴な生活でした。酔えば次から次へとジョークを飛ばし、周囲を笑いの渦に巻き込み、正直、天下は我にあり、の気分を満喫し謳歌しました。今思えば恥ずかしい限りですが。恋もありました。毎日通う理容室の美容師でしたね。

しかし、しばらくして「もっと何かないか」と考えるようになっていたとき、眼に飛び込んできた週刊誌の三行広告が運命を変えました。

当時、日曜日は一人で過ごすようになっていて、横浜の西口商店街のビアホールで夕方5時半から7時までのテレビ番組『てなもんや三度笠』（藤田まこと主演、白木みのる共演のコメディ時代劇。公開放送形式で１９６２～68年・朝日放送制作・ＴＢＳ系）。『シャボン玉ホリデー』（双子デュオのザ・ピーナッツやハナ肇とクレージーキャッツの出演で繰り広げる音楽バラエティー、１９６１～72年。追加で１９７６～77年・ＮＴＶ）を観る時間が最高の贅沢な時期であって、この時間がワタシの運命を変えました。

なかでも後年に自分が出演するとは想像もできなかった「シャボン玉ホリデー」の植木等の軽妙で、笑いのツボを押さえた演技に松崎（小松）は自分の将来像を重ねた。夢の始まりだった。

22歳のワタシは次第に仲間と繁華街の飲食店での時間も気分転換にはならなくなり、「これでいいのか」と思い詰めるようになっていました。「もっと何かしてみたい。もっと何か人を笑わせ幸せな気分にする世界に飛び込んでみたい」と悩む自分に気づいたのです。そうした時期。毎日曜日に行く例のビアホールに置いてあった芸能系週刊誌の三行広告に吸い寄せられました。今、振り返れば運命の糸を引かれたようでした。これがワタシの求める人生なのだと納得した合点が次の行動を突き起こす動機になりました。もともと決めれば前後の見境も取っ払って行動する性格はどうしようもなく、ワタシは我慢できずに動いたのです。

運命の募集広告

「植木等の付き人兼運転手募集」。これだ！　と小松は思った。その広告の募集文句の「やる気があるなら、めんどうみるヨ〜」の惹句が小松の心臓を射抜いた。これが運命の出発点となる。

なぜなのか分からないのですが、ワタシは無性におやじさんに直接会いたいと思い、応募が600人の書類審査を通ったので直接にオーディションの場所（東京・有楽町）へ行きました。しかし、肝心のおやじさんには会えませんでした。横浜での仕事を終えてからクルマを運転して駆けつけたので、2時間遅刻したせいかとガッカリでした。

付き人兼運転手の募集でしたが、前後を考えずにせめておやじさんに会えるだけでも有難いとそれだけでした、横浜からの交通渋滞に巻き込まれ、東京での面接に遅れたそのときのワタシの正直な気持ちは。「やはり無理だったか」と一度は落胆しました。しかしワタシに幸運が付いていて、面接をした方（おやじさんが所属するプロダクションの関係者）が待っていてくれて会ってくれました。

まさに、「起は必ず時節到来也」である。小松は出会う人に恵まれたことを今でも感謝するのを忘れない。このときの面接が仮に2時間遅刻で終了していたら、面接をした事務所の人間に出会わなかったら、現在の「喜劇役者　小松政夫」は存在しなかった、かもしれない。

そのとき小松はもう一人の厳つい顔を思い浮かべていたと打ち明ける。ブル部長（川上実）への辞職の断りであった。

恩人との別れ、そして新たな出会い

ワタシがおやじさんの付き人兼運転手募集に応募し、翌日、面接を終わったことをブル部長に報告すると、「バカ野郎、俺がお前にどんなに期待していたのか分かっているのか！」と怒鳴られるかと覚悟していると、「そうか。そのほうがお前に向いているかも知れない」と承諾してくれたのです。感激して涙が止まりませんでしたね。

しかし一瞬だが、部長に寂しそうな表情が掠めたような気がして小松は有り難いと思いつつ、申し訳ない気持ちが胸に迫ったという。人間の出会いと別離に小松は生きるという現実を学んだと明かす。

年末の忘年会は「松崎（小松の本名）演芸会」にすると一方的に決めたのもブル部長の発案で、号令一下、ワタシは精いっぱいに上司や同僚を笑わせましたが、いちばん嬉しそうだったのはブル部長のような気がして、なお一層、素人芸を披露したものでした。

ところが。初めて打ち明けますが。その後、レンタカーの会社を始めたものの、部下との折り合いが悪くなって、当時（１９６０年代）流行し始めていた全自動麻雀卓を販売する会社を手掛けたブル部長と一度、ワタシが横浜で仕事があった際に会いに行ったことがあります。ワタシの顔を見て嬉しそうで安心したのですが話の顚末はこうです。

「時間がないのでＴＶ（出演）を観る暇はないが噂は聞いている。あのとき、俺が面子を潰されたとか因縁を付けてお前を引き留めていたら、今日の小松政夫はいなかったかも知れないな、松崎（小松の本名）」

「お陰さまで。お世話になりました」

「明日、飯を食いに行こう」と約束をしてくれ、「何を喰うかな、カツ丼か寿司にするか」

と嬉しそうに強面を崩しているのが今でも胸にあります。それがこの世の最後になりました。

翌日未明、まだ50歳代で働き盛りのブル部長は天国へ逝ってしまったのです。なんという人生の皮肉とワタシは泣きました。葬儀の日に奥さんから、「ヤツ（小松）は人を笑わせる才能があった。それを俺は分かっていた」と口癖のように繰り返していたと聞き、二度泣きました。ブル部長は時間を割いてはワタシが出演するTV番組を嬉しそうに観ていてくれたと奥さんから打ち明けられ、川上さん（ブル部長）の遺影に頭を下げました。


横浜時代と言えば、未だに小松の自宅に厚生年金給付金が届くことだ。それを受けとるごとに自分の過去の年月がよみがえり、ブル部長と仲間との若い時期の日々が懐かしく胸に浮かぶと回想する。

植木等の付き人兼運転手

1964年1月、小松はおやじさんと慕うことになる植木等の付き人兼運転手になった。

しかし憧れの人を目の前にしての初対面は病床の一室で、緊張の限度で言葉が出なかった。

おやじさんは過労で入院（関東逓信病院・当時）しているとのことで、ちょっと心配しましたが、面接ではせっかく来たのだから後は野となれ山となれの心境でした。これには裏話があります。

入院先を訪ねると、「両親は元気か？ 親孝行をしろよ」と真っ先に訊かれたので、「親父はワタシが13歳のときに亡くなりました」と答えると、おやじさんから突然、「明日から来い」との許しを貰い、そしてこう言ってくれたのがワタシにとっての決め手になりました。

「オレを本当の父親と思ってかまわない」

ワタシは自分の耳を疑いました。今や全盛を極める植木等が、「父親と思え」と言ってくれたのです。天に昇る気持ちとはこうしたことを譬えると思ったのも当然でした。やるぞと言うより、やらなければといった気持ちに故郷の両親の顔が浮かび、身震いしたのを覚えています。

思い返せばワタシの本当の人生はこの日が出発点になりました。

小松の父親は行儀作法に厳しく、九州博多の実業家で、家は博多の総鎮守櫛田神社の真ん前にあって生活は裕福だった。

男子優先の母親は長崎県出身で行儀見習いを教えていたが、子どもが7人に増えて育児に専念するようになる。

正月が嫌いな理由

ワタシには正月が嫌いな理由があります。ワタシが13歳（中学1年）の新年2日のこと。父親が患っていた結核で急死したのです。ワタシは外へ遊びに行っている間のことでした。なぜ、傍に居てやらなかったのかと悔いは残りましたが、厳しくも男気のあった父はワタシの大事な存在だったのはずっと変わりません。だから正月を迎えると父を思い出してしまい、今でも胸が痛くなり悔いがよみがえります。後になって母親からこんな打ち明け話を聞きました。「7人いた子どものなかで、マサ坊（小松）が可愛かった」と父が話していたと知り、「だから（世に出ても無事に生きていけるように）躾に厳しくした」と聞かされ、我慢できずに涙を流しました。厳格な表情しか思い浮かばない父の笑顔が胸によみがえったからです。

父親が病死すると松崎家は困窮し、7人兄妹で5番目の小松は中学通学を終えて県立福岡高校定時制に通い、博多の市内にある和菓子の老舗「石村萬盛堂」で昼間はアルバイト。寝起きは和菓子製造工場の2階。小松は懸命に働き、ここでも店の家族や同僚の職人・工員を前に「笑いの場」を提供し人気者だった。

「高校を終えてもここ（石村萬盛堂）にいて働けばいい」と店の女将さんに言われたが、小松は役者への夢を捨てられず上京した。

正月に関して、おやじさん（植木等）とこんな話があります。おやじさんがギター奏者で世に出る前に修業した東京の本郷（文京区）の寺へ年始に同行したときのことです。ワタシが洒落の気持ちで猪口に日本酒を「ほんの一滴」垂らして、「俺は呑めないから」と尻込みするおやじさんに、「せっかくの正月ですから」と勧めたのです。

渋々、それを口にしたおやじさんはその場で七転八倒して、その日一日、寝込んでしまいました。正直、驚きました。

たった一滴だったのにと思いましたが、ワタシがおやじさんに仕向けた生涯唯一の「親不孝」（微妙な表情）ですね。

新しい生活の始まり

湿っぽい話で恐縮ですが、おやじさんはワタシが父親を早くに亡くしたのを知り、「これからは俺を父親と思え」との言葉に確かな温もりがあって、思わず知らず胸に熱いものが溢れることは今でもたびたびよみがえり、喜劇人としての日々の活力になります。初めて会ったときに、父親代わりになってやると仰《おっしゃ》ってくれ、生涯、この人に付いていこうと決めたのは肉親同様の思いやりによってであり、人への優しさを教えてもらったからです。それからの毎日は当時、車の月給売り上げで月に18万円超（最高時は22〜23万円）を貰い、キャバレー通いを欠かさず、ときに静岡の熱海温泉へ繰り出して散財していた日々から月給7000円の生活に入りました。

小松は食べ物も、着る服も、嗜好品も一切贅沢を止めた生活に後悔はまったくなかった。植木等の付き人生活が充実していると実感できた現実が小松を勇気づけた。

具体的に言うと、自分の未来が明るく見える気持ちになったのです。その原点におやじさんの後ろ姿がありました。

決して奢らず、威張らないおやじさんの言動は今後の茨《いばら》の現実を生きていくワタシの道《みち》標《しるべ》になりました。

まさに言霊になってワタシを導いてくれたのは間違いありません。

ハナ肇（俳優・クレージーキャッツリーダー）　一世一代のギャグ誕生の恩人

おやじさんから一度、ひどく叱られたことがありました。それは話しましたね。ワタシがおやじさんとＴＶ番組に出演した際、ディレクターから指示されて当時大流行させてもらった「映画評論家・淀川長治」の物真似を演じたときでした（既述）。

昭和40年代を代表する物真似芸の「小松政夫の淀川長治」は、苦心惨憺の末に世に出るキッカケを掴む。１９６７年、小松は梅田コマ劇場（２０００人収容・大阪）でのクレージーキャッツの１か月公演に同行した（既述）。

全盛期のクレージーキャッツの1か月公演は超満員の観客を集め、連日熱気に包まれました。ある日、ワタシはクレージーキャッツのリーダーであるハナ肇さん（ドラマー・俳優・コメディアン。１９３０年2月9日〜１９９３年9月10日）に呼ばれて、「1部と2部の5分間を繋げ」と言われたのです。クレージーの皆さんが着替えする時間の間繋ぎでした。そのときは待っていた好機と奮いたちましたが、しかし笑いをとる舞台での5分は恐ろしく長いです。おやじさんの付き人兼運転手になって以来（1964年1月）、初舞台と呼べるのはそれより少し前の時期のクレージーキャッツ日劇公演（東京）でのクレージー音楽会で、ハナさんの付き添い役だけでしたから。

ただ、大阪の観客は笑いのツボを心得る人間が多くて、甘く見ると失敗するとの覚悟が小松にあり、なお一層、緊張した。案の定というか、誰でも知る歌手の真似をしたが客席から笑いはなかった。逃げたくなったと当時の心境を小松は神妙に語る。

ジャンパーにハンチング、長靴、首に手拭いを巻いて舞台へ出ましたが苦笑を誘うだけでしたし、ムエタイ（日本名タイ式ボクシング）の選手を真似てタイ式の踊りをしましたがまったくウケません。5日間やりましたがダメで、さすがにホテルに帰って泣きたくなりました。多少あった自信めいたものは一遍に消えました。自分へのやる瀬なさでしたが、諦める気持ちにはどうしてもなれない。何としてももう一度、トライしたい。ワタシは切ない自分を鼓舞しました。後一度、やってみたい。それだけを胸に朝まで寝ないで考えました。

ハナ肇に「あと一日だけください」と小松は頼み込むが具体的なアイデアがあるわけでは

なかった。そしてその夜のこと。何気なくホテルのＴＶ画面を観ていると、洋画放映前の解説に登場したのが有名な映画解説者の淀川長治である。

これが最後だと、その翌日、舞台のセンターマイクの前に出て、「はい、またお会いしましたね」と淀川さんの口真似をすると、ちいさな笑いが起きました。こんなことは初めての経験でワタシのほうが驚きましたが、翌日からは小道具係さんにお願いしてお馴染みの例の太い縁眼鏡をして、油性ペンでやや大げさに眉毛を書いて舞台に出ました。予想以上の大きな笑いを浴びたので、４日目以降は眼鏡に、デフォルメした三角眉が糸を引くと上下に動く仕掛けが大ウケしました。舞台から引くときに、「サヨナラ、サヨナラ、サヨナラ」と物真似を入れると、さらに爆笑をもらいました。

舞台の袖に引っ込むと、見守っていてくれたハナさんが、「ヤッタナ、この野郎！」と励ましてくれて、ワタシもやっと肩の重い荷から解放された気持ちになりました。そのときのハナさんの例の太っ腹な笑い声は耳から離れません。ホントに親分肌のハナさんのお陰ですが夢を持ち続けることの大切さが身に染みる瞬間でした。

「クレージーキャッツの人気は植木屋（植木等）のお陰だ」とハナさんが言うのを何度も耳にしました。ハナさんは自分がリーダーにも拘わらず、おやじさんの存在を立ててくれる太っ腹な人柄で、尚更に慕いました。

たった一度の叱責

ところが後日、この淀川長治の物真似の一件で小松は植木から叱られるのである。それは次のような経緯があってのこと（一部既述）。

ワタシがＴＶ番組の出番を終わって楽屋へ向かうときに担当ディレクターから、「淀川さんの物真似、良かったですね。またよろしくお願いします」と労われた私が、「ありがとうございます。ワタシには、こ、これ、し、しかありませんから」と恐縮して（多少は誇らしい気持ちもありましたが）返事をする会話を、おやじさんが聴いていたのです。

こんなに怖い顔のおやじさんは初めてと感じて畏まると、「これしかない、とは何だ。おまえは自分の芸を自分で汚すのか」。この言葉がワタシの決定的な転機になりました。

ワタシはおやじさんの説得に頭を垂れて聞き入り、おやじさんの真剣な一語一語が胸の奥に響き、沁みました。これほど自分のことを見守ってくれている人がいると思い、ワタシはおやじさんに心から感謝した記憶が現在に繋がっていると固く信じています。ワタシが思うのは、ギャグとネタはまったく異質だということで、ギャグは生活のなかのリズムが大切で、何気ない会話から生まれる言葉の泉だというわけです。これが大きなヒントになりました。

小松は1960年代から70年代にハリウッド映画で大活躍したジェリー・ルイス&ディーン・マーティンのコンビが好きで幾本も彼らの枠で洒落たスタンダップコメディー映画を観た。

昭和の大スター植木等

植木等は若き日、東洋大学陸上部（高校時代に100m11秒4の記録を持つ）に所属した。卒業後、前記した俳優、コメディアン、歌手、ギタリスト、タレントすべての分野で超一流の実力を評価される偉大な芸能人となった。

植木は愛知県名古屋市の生まれ（1926年12月25日）。最初の戸籍の出生届が「1927年2月25日」だったのは、父親の植木徹誠の体調が悪くて叔父に届を任せたのだが、その叔父が届けの提出を忘れた結果なのが真相だ。

おやじさんの父の徹誠は当初はキリスト教徒で、後に改宗して浄土真宗大谷派名古屋別院（常念寺）の住職を務めた立派な宗教家です。無類の社会的な正義感の持ち主で、部落民の擁護をし、反差別と反戦を訴えて数回投獄された記録が残っている人物。要するに、「行動する僧侶」の異名がありました。

植木の父方の祖母の親類に真珠王（ミキモトパール）と呼ばれる御木本幸吉がいる。植木等は本名だが、「等」は人類平等から父が付けた。出世作の映画『ニッポン無責任時代』の役柄が香典泥棒だったのを植木は嫌い、寺の倅《せがれ》に変更した逸話が残る。やがて、ハナ肇とクレージーキャッツの所属になり、芸能仲間から植木屋、ポンさん、植木やん、などと呼ばれて愛された。

ワタシの芸名は先輩で同じ姓の松崎真さん（『笑点』の二代目座布団運び役）と一緒になり、楽屋などで、「おーい、松崎！」と呼ばれると互いに声を揃えて、「はーい！」と答えるので紛らわしいとなりました。松崎真さんは身体が大きく、ワタシは小柄です。それでおやじさんが、「おまえは小さいから小松と名乗れ。そうすれば一緒にならないでいいだろう」と。「政夫」はいろいろありましたが、小松と語呂がいいということで決まりましたね。ワタシはこの瞬間から「小松政夫」に生まれ変わりました。これからこの芸名で目指す喜劇役者の人生が始まると身震いしたのは本当です。

余談だが、「小松政夫」の字画を古い専門書で占った（『姓名判断』野末陳平・光文社）。全部で総画数が「23」でスタミナ野人運と載っている。さらには頭領運。一代で地位を築き、財産を得る。貧困から身を起こし、独立して頭領となりうる、と記される。当たっている気がしないでもない。

因みに、「松崎雅臣」は37画で独立独行型。独立してこそ運勢が開く。当たるも八卦、当たらぬも八卦と言うが、どちらの姓名も資料本によると小松の人生を暗示しているようでもある。

他人に対する優しさが大事

普段のおやじさんは物静かな人でしたが何事にも責任感の強い人でした。だからというわけではないですが、ワタシが付き人の仕事でヘマをしても絶対に頭ごなしに怒ったりしませんでした。なので、注意してくれる一言一句を修業時代のワタシは胸に刻み込みましたね。

有名なおやじさんのギャグになった「お呼びでない？　ね、お呼びでない。これはまた失礼しました！」は、「仕事の時間はきっちり守れ」との訓えがあってのことで（既述）、ワタシは仕事の時間には神経を配り、その習慣は現在まで続いていて助かりました。

最近、ともすると仕事の時間にルーズになる若い俳優やデビュー間もない芸人を見かけますが、おやじさんの訓えが身に沁み込んでいるので正直ワタシは納得できない。おやじさんは決して他人に迷惑をかけることを許しませんでした。自分に厳しく、他人に責任転嫁をしない人で、激しく怒鳴られるよりよほど私の胸に突き刺さりましたね。そして最近の「ら抜き言葉」。一般の人が使うのは個人の自由なので構わないと思うものの、芸能人がインタビューで平気で「ら抜き言葉」で応じるのを観ると納得しません。芸能は言葉の世界でもあると信じるからで、日本語は正しく使っていきたいですよ。

植木等の素顔

とは言うものの、植木等も人間である。結構、愉快な面を持つ人間性があって、例えば仕方咄の名人で、そのトークの絶妙さで周りの人間は腹を抱えて笑いっぱなしだった（仕方咄とは身振り手振り豊かに面白おかしく話すこと）。

ワタシがおやじさんに紹介した笑いの名人伊東四朗さんが、おやじさんと一緒にゴルフをしに行ったときのことです。「植木さんは普通に世間話をしながらアドレスして、ドライバーを打ったのには驚いた」と言っていました。無口で不愛想と言うわけでは決してないのです。それにと言うわけではないですが、おやじさんの息子の歌手・比呂公一や、バレリーナの娘の動向には遠くからあったかい視線を常に送っている親の面も、当然に持ち合わせているのを、ワタシは幾度も見てきました。当然ですがそんなおやじさんが余計に好きになりました。喜劇役者（俳優）であっても人間、その人間の喜怒哀楽を凝縮して演じる喜劇人だからこそ家族を幸せにする責任がある、とワタシはおやじさんの日常を間近に見て勉強しました。

植木等の温情と小松の恋話《こいばな》

小松は植木から数えきれないほどの温情を授かったと告白し、なかでも、プライベートで決して忘れられないのは結婚式だ。

付き人兼運転手として仕えた3年余月経ったＮＨＫからの帰路、「明日からもう来なくてもいい」と事実上の独り立ちを許してくれたおやじさんですが、ワタシ個人としてはまだ心もとない時期でしたので、突然に寄りかかっていた大樹から突き放された感覚でした。

ところが、事務所（渡辺プロダクション）の社長にも話を通してあり、毎月の給料4万円（半年後に7万円）とマネージャーも頼んでおいたと伝えられ、思わずハンドルを握る手が震えました。

やがて、お陰さまで仕事が順調に頂けるようになった頃、ワタシは恋をしました。山形出身で6歳年下の朋子です。彼女は服飾デザイナーを志し、ハワイで3年間の修業をして帰国。出会いは東京・新宿にある会員制バーでした。連れがいた彼女に好意を持ったワタシは勇気を奮って、「今度、この店に独りで来ないか」と誘い、そして成功しました。当時、大人気モデルのアグネス・ラムにも負けない褐色に日焼けして、まるで彼女の周囲からココナッツの香りが漂うような初印象でいっぺんに心を奪われました。その後、沖縄、ハワイ、グアムへ旅行をし、「この自分と付き合ってくれて、ありがとう」とワタシは彼女に感謝しました。惚《のろ》気《け》るようですがほんとうに今でも当時の気持ちは変わりません（嬉しそうな表情が印象的）。

※アグネス・ラム（1956年5月21日生まれ）は、1970年代後半に来日し、CM・男性週刊誌のアイドルとして爆発的人気を集めた米国ハワイ州出身のモデル。あどけない笑

顔と健康的な肉体美で全国的な話題を得る。グラビアアイドルの先駆者的存在で伝説の美女といわれた。

正直、ワタシの一目惚れでした。アグネス・ラムより可愛いと思いました。やがて、「結婚をしたいと思います。式は近所の神社で親族を集めて行いたいと考えています」とおやじさんに報告すると、いきなり叱られました。「何を言っている。結婚式は芸能人にとっては広く世間へのお披露目だ。きちんと式を挙げろ。仲人はオレがやる」。驚きました。おやじさんは見栄を張る派手なことを嫌い、決して仲人をしないと知っていたからです。おやじさんの奥さまに、「こんなキレイな人と出逢うまで結婚しなかったのね」と言われましたが、図星で、頬が熱くなったのを覚えています。

植木等・生涯唯一の仲人

小松政夫と斎藤（旧姓）朋子の結婚式は1976年1月14日、東京プリンスホテル鳳凰の間で500人の招待客を招いて盛大に行われた。実はこの年（昭和51年）はロッキード事件で田中前首相の逮捕など慌ただしかったが、昭和天皇在位50年記念式典が開かれるなどの慶賀もあった時代である。

主賓はもちろんクレージーキャッツのリーダーのハナ肇さんです。「えー、私がハ、ナ、肇で、ご、ざ、い、ま、す」とユーモアたっぷりに挨拶すると、続いて恩人の秋元近史プロデューサー、谷啓さんを筆頭にクレージーのメンバー全員が同じ口調で挨拶するので、お客さまは堪えられずに大笑いが巻き起こり、式は和気あいあいと運びました。

祝いのスピーチで印象に残るのは今や大女優の吉永小百合さんで、「小松ちゃんはドイツ製の鉛筆削りみたいな人です。その鉛筆削りには握りにピエロが付いています。小松ちゃんも面白くて良く切れる人です」。ワタシは頭が良く洒落ていて優しい彼女に感激しました。

伊東四朗さんやジェリー藤尾さんの挨拶に招待客の皆さんは大笑いですが、ちょっと色っぽい挨拶のケーシー高峰師匠には汗を掻かされました。呑み仲間の沢田研二さんには萩原健一さんと合同で祝いの言葉をもらい、二人が同時に壇上に立つと会場内がざわつきました。滅多に見られない光景だったからでしょうね。

ジーパン姿で現れた俳優田中邦衛は、「おめでとう」の一言で降りてしまい、喜劇王の三波伸介は「オレはウレシイ」とだけ50回も記した電報を送り、青島幸男、大橋巨泉、梅宮辰夫、中村メイコなど著名人から祝事を受け、小松はいまさらに植木等の温情を感じたと当時を振り返る。


ワタシがひたすら堪えていた涙の処置に困っていると、隣席に座る仲人のおやじさんが目立たぬように白いハンカチを渡してくれ、瞬間、堪えていた涙が流れ落ちました。

（この結婚式が「小松政夫のお披露目」の意味がわかったか）

おやじさんの無言の教えがそのとき身に染みました。もう決して妻とは別れないと誓い、おかげさまで44年を越えました。

植木等の『スーダラ節』誕生秘話

植木等の出世作『スーダラ節』（青島幸男作詞・萩原哲晶作曲）の歌詞を、最初に眼にした植木が首を傾げた箇所があった。
♬分かっちゃいるけど、やめられない♬
植木は厳しい実父の生き方からして激怒されるに決まっている。とても無理だと感じたが一応、父に相談した。頭から叱られると覚悟したが、父親の反応は予想外のものだった。そしてこの瞬間が「天下の無責任男」誕生になるのだ。親思いの植木への果報だったかもしれない。

おやじさんの父親は、「この歌詞はすばらしい。これこそ親鸞聖人（浄土真宗宗祖）の訓えにぴったりだ」と絶賛したそうです。人間なんて頭では分かっていても結局は止められない生き物と親鸞さまは教えていらっしゃると。考えてみればまったくその通りですね。おやじさんは父の言葉を心の支えにするのだと、このときに決めたと聞きました。

以来、日本全土を席巻する嵐を呼ぶ男（同時期の日活俳優のタフガイ石原裕次郎ではありません、念のため）になりました。ワタシは密かに羨ましいと思いつつ、いつか自分もと胸に刻んだ日が走馬灯に浮かんだのは昨日のようです。

『ニッポン無責任時代』『ニッポン無責任野郎』に主演する際、植木は古澤憲吾監督から、「この主人公の男は（常識を超える）異常なのだから、そのつもりで（演じろ）」と注文を受け、植木自身とは真逆のキャラクター造型に苦吟した結果、画面を圧倒する高笑いと破天荒な演技に達したと伝わる。劇中の役柄とは言っても、常識を蹴破る破天荒な主人公をまったく新しく生み出す苦悩は、植木に圧しかかったに違いない。加えて、常識を重んじる性向が強い日本人的思考からすれば、180度の思想改革が求められたに等しい。それを植木等は成し遂げ、新時代を築いた。

ピエロは笑ってもらうまで泣き

これは想像の範囲ですが、おやじさんは自分自身と真逆のキャラクターを造形するには、まず自分自身の改革から考えたと推測します。何故なら、「日本無責任男」の人物像は従来の日本人像からまったく異質でありながら、日本人の常識を覆す異能の男でなくては成立しないように見えるからです。でも、我が師植木等は無責任男の真髄には自分自身が反映するという、一見矛盾した考えを整理して撮影に臨んだと聞きました。

ワタシは無責任男を演じる姿におやじさんの俳優という立場に立つ覚悟を感じ、演じ終えたときの素顔との落差に、「俳優業の厳しさ」を教え込まれた気がします。このときワタシは、過去におやじさんが関係者から差し出された色紙に書いた文句を思い出しました。前に触れましたが、「ピエロは笑ってもらうまで泣き」です。含蓄のある言葉ですね。おやじさんはそういう哲学的な思考を絶えず抱いている人で、ワタシの人生訓となったのは、自分の役割を忠実に生きるべきとの後ろ姿です。

大ヒット曲『スーダラ節』の元歌は昭和初期の流行歌。これが植木が独特のリズム感と歌唱力で売り上げ80万枚のビッグヒットになり、植木人気が爆発するキッカケになる。

植木版スーダラ節に関しての制作は渡辺プロダクション（当時）が行い、販売を（株）東芝音楽工業（現ユニバーサルミュージックジャパン）が受け持った。言わば、現代のインディーズ方式で行われた裏話がある。植木等がリバイバルヒットさせた『スーダラ節』は表にでない制作陣の苦闘もあって歴史を刻んだ。

腕前は超一流のギタリスト

おやじさんは破天荒な演技や歌ばかり注目されますが、実はギタリストとして一流中の一流でした。なにしろ、初見で楽譜が分かりましたから。それはバンドマン時代にソプラノ歌手の平山美智子さんに教えを乞うていたからと聞きました。

ワタシが言うのもおこがましいですが、こうした裏での努力が、「ミュージシャン植木等」を造形したと思い、見習おうと決めました。ジョージ川口さんとか渡辺貞夫さんなど超一流のミュージシャンとジャズセッションをしていますから。おやじさんはギタリストとして間違いなく本物で一流中の一流でした。

植木等がギターを演奏するときのスタンスに特徴がある。少し左の肩を上げて弦を爪弾く格好だ。その演奏時に『日本無責任男』で演じる面影は微塵もなく消えて、ギターと一体になる。

何かに秀《ひい》でる人はほかの分野でも優れた才能の持ち主という典型が、「植木等」でした。その事実がすなわち、おやじさんの唯一の弟子のワタシからすれば誰にも譲れない誇りになりました。でも同時に、昭和の大スターを目の前に果たして自分はどうだろうかと悩みもしました。おやじさんのオーラが圧倒的に輝いて映ったのですが、やがて、おやじさんと自分を比べることが間違いと気がつきました。おやじさんは別格の偉大なビッグスターであり、自分は見習い中と見極めたからです。傍でお世話をさせてもらうだけで今は十分有難いと思えたからです。そこでおやじさんの礼儀正しさとファンなどへの感謝を持ち続ける懐《ふところ》の広さを知ったのです。礼儀と感謝。これはワタシへの最高の導きとなり、今でもそれは変わりません。

今をときめく歌手桑田佳祐は、植木を「あこがれの人」と敬愛し、人気者タモリは、『無責任一代男』（青島幸男作詞・萩原哲晶作曲）を座右の銘にする。この歌は東宝クレージー映画第1作の主題歌で、植木がボーカルをしてクレージーキャッツ3枚目のシングルレコードになった。

おやじさんは以後、「無責任男」が代名詞になり、1960年代の日本芸能界のトップを走り抜ける存在に君臨します。TV『徹子の部屋』で有名な黒柳徹子さんは植木の人柄を評して、無責任男ならぬ、「有責任男」と評しています。

植木等はやがて「日本一の男シリーズ」でスーパーサラリーマン役を経て、『日本一のショック男』（1971年・東宝）でさすがに一時期を終えるが、昭和の芸能界を席巻した事実は永久に消えない。

晩年に向かう覚悟

おやじさんは上昇志向のある人で常に転機を考えていたと思いますが、あれほどのキャラクターを造り上げてしまったので、本人の悩みは深いものでした。イメージを振り払うのは芸能人として苦難の日々と重なります。でも、それを乗り越えたところに「次のステージ」がある職業です。

ところでワタシはと言えば、現在《いま》（２０２０年秋）はまだやり残したことがある気がして落ち着かないのです。泣かせて笑わせる喜劇の真髄を再現する喜劇役者としての役割です。やり遂げられたら本望です。おやじさんが見てくれていると思うので、それを果たすまで懸命に生きて芝居をやり遂げたいのが目下の念願です。

植木等の晩年は味のある役柄を得て性格俳優に転身した。

「いつも東宝の映画スタジオですれ違ってばかりいて、いつか自分の映画に出演させたい」と巨匠黒澤明の要望で、『乱』（１９８５年）に出演。そして、『新・喜びも悲しみも幾年月』（監督木下恵介・１９８６年）に出て、日本アカデミー最優秀助演男優賞を得る。

舞台では『王将』（東京宝塚劇場公演・１９７７年）で坂田三吉を熱演し、以後も明治座（東京）・中日劇場（名古屋市）と２００２年まで、第一線のポジションを維持し、熱く、渋く、枯れた演技を全うして奮闘する。

最晩年の遺作は、映画『舞妓Ｈａａａａｎ!!!』（監督水田伸生・２００７年）で、老人役を達者に演じた。

「植木等さん、夢をありがとう」の大合唱

おやじさんの葬儀（2007年4月27日）は、「植木等さん夢をありがとう」として2000人が訪れ、ミッキー・カーチスさん、内田裕也さん、松任谷由実さんが『スーダラ節』を合唱し、最後は参列者全員が唄って見送っていただきました。ワタシは声が出ませんでした。ただただありがたかった、の一言に凝縮できます。ありがとう、おやじさん。みなさん、ありがとう。

それしか思いはありませんでした。振り返ればワタシほど恵まれた師弟関係を持てた芸能人はいないとの事実が誇りとして胸の底にあり、本当に偉大で、本当に幸せな喜劇人人生の師匠でした。

植木等は肺気腫と前立腺がんを患い、80年の生涯を終える。亡骸《なきがら》を収める棺に着替えと弔辞は、唯一の弟子の小松が行った。

戒名は宝楽院釋等照。

最後の言い訳

「目立たず、隠れず、そーっとやって50年」

これは70歳を過ぎてからのワタシ自身の覚え書きです。この通りに芸能界で活動できたかは分かりませんが、ワタシは自分の身の丈を知っています。ワタシ自身はそれで構わないと思っていて、これからもこの精神で喜劇役者として芸能界を人生の花舞台と心得て進んで行くと決めています。

最後に、ワタシと共演して下さった名優たちに心から感謝の念をお送りしたい。それにも増してファンのみなさん、関係者のみなさん、そして家族、親類縁者の全員に心の底から、「おかげさまで小松政夫はここまで歩いてこられました。失敗の連続の喜劇役者人生でしたが、それもこれもみなさんの、負けるなとの後押しがあっての結果です。ありがとうございました」。

これで思っていること、言いたいことを全部喋って気分爽快。本当に感謝の一語です。(この部分はインタビュー取材での最後の録音より抜粋)。

名作スポーツ漫画『あしたのジョー』（高森朝雄〈梶原一騎〉原作・ちばてつや作画・少年マガジン連載1968〜73）の伝説の主人公・矢吹丈が、「俺は植木等のファンでね」と呟くシーンがある。

小松は生前、それを聞いていて誇らしく思ったと打ち明けた。

（本文一部敬称略）

「後口上（終わりに）」

小松政夫と異色の芸能人交友録

あまり派手ではないがいつもどこかで観ている印象がある役者がいる。映画、舞台、TVの業界の壁を飛び越えて自己の存在を確かな足跡にする役者がいる。「小松政夫」はそんな芸能の範疇を超える喜劇役者であり、俳優だった。小松氏の交友関係が芸能界に関わらず圧倒的に広いのは彼の芸への執着を周囲の人間が理解し、なお、後ろ盾になりたいと思わせる硬軟合わせた人間性にあったことは事実である。

時代の寵児である恩師植木等の発声で、招待客500人を超える盛大な結婚式を挙げたとき小松氏は34歳だったが、正直に言えば当時の芸能界でのポジションは、その華々しさに匹敵するランクには達していなかった。けれどもそれで内心、発奮する。自分がこの境遇に値する喜劇役者に成長するのを誓ったからだ。

本著では、小松政夫氏のひたすら喜劇役者を目指し、生きた証しとしての交友関係で、「特に忘れられない俳優・芸能人」をピックアップしてもらい、過去に見聞してきた秘話・逸話を取材（亡くなる2か月前）した。彼らとの私的な交遊関係や芸能界という同じ土俵で相まみえた名優の素顔を、小松氏の証言から抜粋して選んだ。

本著で、「喜劇役者小松政夫」が従来よりかさらに一歩踏み込んで明かした生きざまが取材できたことで、これまで世間に知らされなかった時代の寵児、名優、異才、演技派、異能の素顔の一部が明らかにされたと思う。取材に際して小松氏は熱が入ると立ち上がり、博多弁で応じてくれた時間もあったが、本著では基本的に標準語で執筆した。にしても結果として本著は「喜劇役者小松政夫の遺言」になってしまった感がある。忸怩たる思いは拭えないが、取材の最後に、「思い残すことがないほど打ち明けた」との一言が著者を少しだけ救ってもらった気がするのも事実だ。小松氏が心優しい人柄だったのは確かで、氏の人生の終焉近くに出会えた幸甚を今後は記憶したい。

末筆ながら本著の成り立ちは、小松氏と40年以上の交友関係を結ぶ出版人高橋一平氏の仲立ちがあって実現した。同氏への謝辞と小松政夫氏へ心からの冥福を祈って擱筆《かくひつ》します。

令和好日

小菅 宏

参考資料（順不同）

『高倉健　七つの顔を隠し続けた男』（森功・講談社）、『タモリ論』（樋口毅宏・新潮新書）、『ショーケン最終章』（萩原健一・講談社）、『ドラマへの遺言』（倉本聰＆碓井広義・新潮新書）、『石原裕次郎　昭和太陽伝』（佐藤利明・アルファベータブックス）、『ザ・タイガース　世界はボクらを待っていた』（磯前順一・集英社新書）、『一切なりゆき　樹木希林のことば』（樹木希林・文春新書）、『樹木希林　１２０の遺言』（樹木希林・宝島社）『昭和歌謡　１９４５～１９８９』（平尾昌晃・廣済堂新書）、『ひょうげもん』（小松政夫・さくら舎）、『月刊はかた　ながーい目でみてくれんね』（２０１８・１、２０１９・３～５、２０２０・９）、『シネアルバムシリーズ　渡哲也特集　さすらいの詩』（芳賀書店）、『姓名判断』（野末陳平・光文社カッパ・ブックス）、『美空ひばりと島倉千代子　戦後歌謡史「禁断の１２０００日」を解き明かす』（小菅宏・アルファベータブックス）、『人の心を動かす武器としての名言』（上之郷利昭・ナイスステイブックス）、『ホストの実戦心理術』（向谷匡史・ＫＫベストセラーズ）。新聞（読売・朝日・毎日・日経・各スポーツ紙）、週刊誌（文春・新潮・ポスト）、ネット配信の情報を参考にさせていただきましたが誤訳・意訳は著者の責にあります。

ＪＡＳＲＡＣ　出　２１０５３８２－１０１

小菅　宏《こすが　ひろし》

作家。東京都出身。立教大学（在学中シナリオ研究所終了）卒業後、株式会社集英社入社。週刊誌・月刊誌の編集を経て独立（1990年）。主な著書『芸能をビッグビジネスに変えた男』（講談社）『琵琶湖周航の歌　誕生の謎』（点字選書・NHK出版）『僕は、字が読めない。読字障害と戦いつづけた南雲明彦の24年』（集英社インターナショナル）『八百字のありがとう、さようなら。』（東京都選定図書・主婦と生活社）『姉・美空ひばりと私』（共著・講談社）『美空ひばりと島倉千代子　戦後歌謡史「禁断の12000日」を解き明かす』（アルファベータブックス）『断ち切れない絆』（宝島社）『花のお江戸の色模様』（スコラマガジン）『吉原遊廓　花魁の秘密』（総合図書）『大奥　色とミステリー』（スコラマガジン）『小説ストリートゲリラ・大藪春彦選』（ワールドフォトプレス）『世界の歴史16（シナリオ）』（集英社）『逃げない流儀　四千億円稼いで「解任」された出版界の革命児』（アルファベータブックス）。『荻野目慶子写真集（プロデュース）』（講談社）は36万部を記録。『異能の男ジャニー喜多川　悲しき楽園の果て』（徳間書店）は新聞（毎日・日本経済）、週刊誌（文春・新潮・ポスト・朝日）、TV（NHK・TBS・フジ・TV朝日・毎日放送）、RKB福岡での著者出演で話題に。本著は61冊目の上梓。

小松政夫　遺言

二〇二一年七月十五日　第一刷発行

著者――――――小菅　宏
編集人・発行人――阿蘇品　蔵
発行所――――――株式会社青志社
〒一〇七-〇〇五二　東京都港区赤坂5-5-9　赤坂スバルビル6階
（編集・営業）
TEL：〇三-五五七四-八五一一　FAX：〇三-五五七四-八五一二
http://www.seishisha.co.jp/
本文組版――――株式会社キャップス
印刷・製本――――中央精版印刷株式会社

ISBN 978-4-86590-119-1 C0095